朝日新聞記者の200字文章術

極小コラム「素粒子」の技法

真田正明 Sanada Masaaki

さくら舎

はじめに　極小コラムを書いてきて

この本を手にとっていただいた方は、文章を書くことに興味がおありですね。けれど、どうもうまく書けない。そんな悩みをお持ちではないですか。

自分の想いを素直に誰かに伝えたい、あるいは何か言いたいことがあるのだけど、うまく表現する方法が見つからない。なんとなくもやもやする。そんな人のお手伝いができればと思い、この本を書きました。

私は二〇一八年三月まで七年半、朝日新聞夕刊一面の「素《そ》粒子《りゅうし》」というコラムを、毎日書いていました。一行一三字で一四行。全部で一八二文字。四〇〇字詰め原稿用紙の半分足らずです。数ある新聞の一面コラムの中でも、極小のものと言っていいでしょう。

コラムですから、これだけの文字数でなにがしかのことを伝え、読んでくださる人の心に引っかかるか、波を立てるか、何かの影響を与えなければ意味がありません。

なにしろ原稿用紙の半分足らずですから、無駄な言葉を削りに削り、言いたいことの芯だけを残して文章を醸《かも》す。そのことを考え続けてきました。

そう、醸すのです。文章を書くことは杜氏《とうじ》の仕事のようです。言葉は、適切に並べれば、それぞれが反応しあい発酵します。麹《こうじ》がコメの澱粉《でんぷん》を糖に変え、酵母《こうぼ》がアルコールに発酵させるように、言葉同士が響きあって、芳醇《ほうじゅん》な文章に仕上がります。

コラムを書いていると、いろんな方からお便りをいただきます。お叱りもあるし、痛いご指摘もあります。配慮が足りなかったな、もう少し練っておけばな、と反省する毎日でした。しかし、そんな中で筆者としていちばん嬉《うれ》しかったのは、ときおりいただく「私の言いたいことはそれだった」「よく言ってくれた」「すっきりした」というお褒《ほ》めの言葉です。読者の心の中でもやもやしていたことを、うまく言語化できた、表現できたということです。つまり吟醸《ぎんじょう》の発酵がうまくいったということでしょう。

みなさんもそんな文章の道を目指してみませんか。

そのためにはまず元になるコメ、つまり言葉を磨《みが》かなくてはなりません。吟醸酒は六〇％以下、大吟醸は五〇％以下まで玄米を削って、雑味を除きます。同じように四〇〇字の文章を二〇〇字にまで削ってみましょう。すっきりして透明で、馥郁《ふくいく》たる吟醸香を放つ文章になるかもしれません。

真田《さなだ》正明《まさあき》

◎目次

第四章　表現を豊かにする言葉の選び方

朝日新聞記者の２００字文章術

――極小コラム「素粒子」の技法

第一章　一八二一字との格闘

「短い文章はおそろしい」

文章に関する著作も多い英文学者の外山滋比古《とやましげひこ》さんは、英文学専門誌の編集者になったころのことを回想して、こんなことを書いています。

原稿を印刷所に渡して初校が出てきたら、余白ができてしまって、埋草《うめくさ》原稿を書かないといけなくなったというのです。

たかが三行か、なんだ五行か、と思っていたのが、とんだ見当違いであることがわかった。……思い切って想を新たにして書き出してみる。すると八行にも一〇行にもなってしまい、とても五行にはおさまってくれない。やり直し。（中略）

毎月そういうことを繰り返していて、つくづく短い文章はおそろしいと思うようになった。三行の埋草に、三時間も五時間もかかる。これでは四〇〇字詰一〇枚、一五枚の原稿だと気の遠くなるほどの時間になってしまう。そう考えて、原稿恐怖症にかかった。（中略）

むしろ長い文章の方が書きやすい。三行だからこそ、五時間もかかって、しかもすこしもうまく行かない。一〇枚なら五時間もあれば、ゲラ刷りをそれほど赤くしなくてもいいものが書ける。一〇枚でなく、五〇枚ならもっと書きやすい。一〇枚の五倍の時間がかかるとは限らない。そういうことはだれも教えてくれない。経験によって学んだ。ずいぶん恥かしい思いをし、多くの人に迷惑をかけて体得した、自分にとってはまことに貴重な知恵である。

（『文章を書くこころ』ＰＨＰ文庫）

私もまったく同じことを学んできました。これから、「素粒子」を書きながら、私が考えてきたことをすべてご披露します。一緒に吟醸《ぎんじょう》の文章をつくる技法を探ってみましょう。

世にも不思議な一面コラム

近ごろの若者はなかなか紙の新聞を読んでくれなくなりました。紙でなくても、スマホでもパソコンでもいいのです。新聞をのぞいてもらえれば、そこに様々な文章の見本が並んでいます。

発生した事実を簡潔に淡々と伝える一般記事。業界では雑報と呼んでいます。記者が現場に行って見たもの、聞いたことを伝えるルポ記事。時事問題についての意見を述べる社説や評論。もう少しくだけて、記者の体験を含めて書いたコラム。学者、評論家、各界の専門家ら社外筆者の論評もあります。

数ある文章の中でも、一面のコラムというのは極《きわ》めて特殊なものです。朝日新聞の「天声人語」、毎日新聞の「余録」、読売新聞の「編集手帳」、日本経済新聞（以下、日経新聞）の「春秋」、産経新聞の「産経抄」など。いずれも各紙の顔とも言えるものですが、このようなコラムを一面に構えている新聞は、外国にはあまりないかもしれません。

何が特殊かと言えば、新聞紙面の文章の中で、これらのコラムだけは見出しがありません。「天声人語」などは見出しではなく、コラムのタイトルです。見出しがないので、中身は読んでみないとわからないのです。

そんな文章は紙面のうえで、ほかにはありません。政治・経済や事件・事故など時事問題を扱うこともあるし、季節の話題や世相を取り上げることもある。なんでもありのコラムです。つまり「天声人語屋」という看板は掲げているけど、売っている商品は毎日違う。そんなへんてこな店なのです。

看板の信用だけで客に来てもらおうというのです。だから、客に暖簾《のれん》をくぐってもらい、冷やかしだけで出ていかれないようにする、いろんな手練手管《てれんてくだ》が必要です。それについては後々紹介します。

体裁も特殊です。改行がありません。その代わりに▼やら◆やらの記号を挟みます。四

○○字余りから六○○字余りと、字数が限られているので、なるべく余白を残したくないからです。同じ理由で、末尾のマルまできっちり枠に収まるようにつくってあります。

段落の数もそれぞれ決まっています。「天声人語」「余録」「産経抄」は六段落、「編集手帳」は五段落、「春秋」は四段落です。中には各段落の字数を調整して、▼などの記号の位置を、水平に揃えているコラムもあります。要は自分で自分をしばっているわけですが、独特の定型の美学を追求しているとも言えます。

まさに居酒屋の突出し

その新聞社の中でも腕利《うでき》きの文章家とされる人たちが毎日技《わざ》を競っています。その日その日の食材で料理を仕立てる板前みたいなものです。

私は、一面コラムは居酒屋の突出《つきだ》しのようなものだと思っています。客がその日食べたいものを決める前に「まあ、とりあえずつまんでください」と差し出す小鉢のようなものです。

その日の仕入れで材料は違うし、調理の仕方も違います。ちょっと箸《はし》でつまみつつ、さて今日のメインは何にしようかと思案する時間をつくる。新聞で言えば、一面や政治面、社会面などの主要な記事を読んでもらう前に、まずは立ち寄ってもらう場所。そんなものだと思います。

居酒屋のレベルは突出しを食べればわかります。まさか昨日の食材を使う店はないでしょう。いつ行ってもポテサラが出てくるような店は飽きられます。季節の新鮮なものを、どの客にも喜んでもらえるように調理する。それも毎日工夫する。実は並大抵のことではないはずです。

紙の新聞離れで、こうした一面コラムも絶滅危惧種になりはしないかと心配しています。ネットだと、一面から新聞をめくっていく必要がありません。自分の好きな記事だけを好きなように読めます。お客さんに突出しを出す必要はないのです。私は、タッチパネルで注文するお客さんを想像してしまいます。パネルのメニューには、もはや突出しは載っていないでしょう。

しかもネットは基本的に横書きです。一行の字数も違います。すると、どうなるでしょう。きちんと四角い箱に入っていた文章は、だらりと横に伸び、縦書きなら横一列に揃っていた記号も、てんでバラバラになっています。

小鉢から皿にぶちまけられたような惨状です。仕上げにちょんと乗っけたはずの木の芽は、どこかへ飛んで行っちゃってます。私はネットで「素粒子」を見ないようにしていました。「素粒子」は三項目に分けて書いていましたが、縦書きなら一三字の四行にきちんと収まっていた一項目が、どろりと横に伸びて、一行半ほどになっている姿を見るのが忍びなかったのです。

　文章の料理人たちの、やるせない気持ちがわかっていただけるでしょうか。一面コラムという日本の伝統芸も大切にしてもらえないかと、その飲食街のはずれの店で包丁を握っていた人間は、思ってしまうのですが。

「素粒子」の原点

伝統芸が存続の危機にあるにしても、そこで育《はぐく》まれた技やノウハウには伝えるべき価値や、ほかに応用できる利点があるはずです。そんなことを思いながら、私はこの本を書いています。

　そこで「素粒子」です。世界でも、日本の新聞紙面上でも特殊な、一面コラムの中でも最小と言っていいコラムです。誕生したのは一九五九年四月一日です。

　一九五七年に、ソ連は人工衛星スプートニク一号で宇宙開発競争の口火を切りました。そして五九年の正月早々、ルナ一号は月の近くを通過し、人類初の人工惑星となりました。湯川秀樹《ゆかわひでき》が中間子論でノーベル物理学賞を受賞したのは、それに先立つ一九四九年のこと。五〇年代には、それに続いて朝永振一郎《ともながしんいちろう》も候補に挙がっていました（一九六五年に物理学賞受賞）。「素粒子」の命名にはそんな時代背景があります（朝日新聞一九五九年四月一日夕刊）。

　宇宙にひろげた大ぶろしきは
コワくないが、極小世界が怒り
出したら、もういけない。
　三角点改め、素粒子で出直す
所以。

もともと小さなコラムですが、活字を大きくするという時代の趨勢《すうせい》によって、行数、文字数はさらに少なくなっていきました。私が担当している間にも一行の文字数が一文字減って、一四字から一三字になりました。
少ない字数で書こうとすると、ともすれば新聞の見出しの羅列《られつ》のようなものになってしまいます。何かを訴えようとすると、社説の結論だけを書いたような、短絡し、味わいの薄いものになりがちです。
言葉を削っていくと直截《ちょくせつ》になって、上から目線のようにも見られがちです。「素粒子」

を引き継いでしばらくは、そんな出口の見えない泥沼の中でもがいていました。

その沼地から足を引き出せるようになったのは、いかに文章の無駄を削り、吟醸酒のための「コメの芯」だけを残すかを意識し始めてからでした。

たとえば①基本は単文　②必要のない形容詞を削る　③接続詞のほとんどは不要　④日本語の特色である主語の省略を最大限活用する　⑤著名人の言葉を利用する　⑥パロディや本歌取《ほんかど》りで短い文に奥深さを加える。そんな手法でした。順に説明していきます。

単文で書く、形容詞を削る

私は、一四行の「素粒子」を三項目に分けて、その間を一行ずつ空けるスタイルで書いていました。一年ほどの試行錯誤の末、たどり着いた形です。誰かに言われたわけではありません。その定型に収めるのがいちばん美しいし、楽だったからです。

一項目は五二文字。冒頭の一字下げを含め、それを余すことなく使います。それも私なりの美学です。

一項目は多くの場合、三つの文、まれに二つの文でできています。一つの文が平均一七文字ほどです。これだけ短い文の中に、主語と述語を複数盛り込むのはまず無理です。主語と述語が一つずつの単文になるのは自然なことでした。こんな感じです（二〇一七年六月一日付）。

官庁街に奇怪なものができているらしい。「巨大な忖度《そんたく》の塊」があると元内閣参与。外国人客でも呼んでみますか。

☆

ここにはまだ「巨大なわだかまり」。五輪経費の大枠合意で1千億円削減と言うも。都外自治体の負担額は先送り。

☆

「大関の名に恥じぬよう正々堂々」。高安の平易な口上。大関をいろんな役職と入れ替えてみよう、永田町の皆さん。

すべて三つの単文でできています。主語の省略や体言止め、主語と述語の場所を入れ替える倒置法などもあってわかりにくいかもしれませんが。安倍《あべ》政権での官僚の忖度が問題になり、外国人客のインバウンドが話題になっていたころの作です。

文章を短くしようとすると、どうしても体言止めを使いたくなります。語尾の数文字だけでも削れるからです。ただ体言止めはどうしてもごつごつした語感になり、文章のリズムを崩し、味わいをなくします。

なるべく使わないようにと思っているのですが、「素粒子」の文字数の制約の中で、使わざるを得ないときもあります。使うときには、なるべくそのほかの文章を生かすために使うことにしていました。

最初の項目の「『巨大な忖度の塊』があると元内閣参与。」がそうです。「元内閣参与は『巨大な忖度の塊』があると」にしようかとも考えました。「言う」などの語尾を省略した形ですが、それでも一文字増えてしまいます。苦渋《くじゅう》の選択で体言止めにしましたが、そこでいったん言葉を切ることによって「外国人客でも呼んでみますか。」への、発想とリズムの変換が生きたような気がします。自画自賛ですが。

三つめの項目に体言止めが二つもあるのはいけません。反省です。

これだけ短い文章だと、そもそも形容詞が住み着く場所がありません。先の例だと「奇怪な」「巨大な」「平易な」の三つだけです。

「奇怪な」は、「外国人客を呼ぶ見せ物」という、落語で言えば「落ち」「さげ」につなげるためのもので必要不可欠です。「巨大な」は元官僚の発言ですが、これも同じ効果を持つために残しています。「平易な」は、高安の大関就任あいさつの特質を一言で表し、次の文のさげにつないでいます。削って、削って、残った形容詞がこの短い三つだけで、それぞれ存在意義があります。

逆に、一つの文章の中に主語と述語が複数あるとどれほど読みにくいか。ちょっと実験してみましょう。こんな文章です。

私が初めて東京に来た時、まだモノレールに乗ったことがなかったので、ＪＲの東京駅から浜松町に行くと、雨が急に降ってきたので、大勢の乗客でホームは混雑していて、モノレールは五分おきに来るのだけど、二本も待たなければいけなかった。

「私が……来た」「私が……なかった」「私が……行く」「雨が……降ってきた」「ホームは……混雑し」「モノレールは……来る」「私が……待たなければいけなかった」と、たくさんの主語、述語関係が盛り込まれています。

書いているほうは、頭に浮かんだことを順に並べているのですが、読むほうはたまったものではありません。結局、何が言いたいの、と言いたくなります。

この文章を直すなら、こんな具合でしょうか。

私は初めて東京に来た時、モノレールに乗ったことがなかった。そこでJRの東京駅から浜松町に行った。雨が急に降ってきて、ホームは大勢の乗客で混雑していた。モノレールは五分おきに来るが、二本も待たなければいけなかった。

象「は」鼻「が」長い

冒頭の「私が」が「私は」になっているのに、気づかれたでしょうか。助詞「は」と「が」の使い分けは意外に難しいものです。私が中学生のころは「は」は強調を表す、と習ったものですが、そう簡単なものではありません。

国語学者の大野晋《おおのすすむ》さんは、「は」は既知の話題を受け、「が」は未知の話題を受ける、と分析しています。

ある集団の中で顔は知れているけど、まだ名前は知らないというときは「私は真田です」と名乗ります。誰が真田かを捜しているときは「私が真田です」と言います。「象は鼻が長い」と言ったとき、「象」は既知の情報で、「鼻が長い」は新しい情報なので、こう使い分けます。

この例文の場合は、主語の「私」の存在はすでに了解済みなので「は」にしました。「は」と「が」については、それだけで一冊の本が書けそうなくらい、いろんな論考があります。大野さん自身、別の分析もしていて、こう言っています。

「は」の根本的な性格は、すぐ上にあることを「他と区別して確定したこと（もの）として問題とする」ということだと言います。文章の初めのほうにあっても、その文章の肯定、否定、推定、回想など、重要な判断を示す文末と結びつきます。この性格のために、「は」と文末の間に、多くの要素を抱え込んでしまい、結果として長ったらしい文章ができ上がるという問題が起きます。

一方の「が」は、すぐ上の名詞と下にくる名詞、あるいは名詞に相当する語をくっつけて、ひとかたまりの「こと」や「もの」にするのが基本的な役割だと言います。このため「が」によってはさまれた語句が、一つの文章にいくつも登場するという現象が起きます。

新聞社の中でも長年、記事の文章を簡潔にして、読みやすくする勉強は続けています。

活字が年々大きくなり、記事を短くする必要に迫られたこともあって、以前よりはずいぶん改善されたと思います。それでも、どうしても長くなる文章があります。

国際面の記事にその傾向が強いように思われます。なじみのない国の話題の場合、説明せざるを得ないことが、どうしても多くなるからでしょう。次の記事を読んでみてください。

南米ペルーで6日に投票された大統領選の決選投票は、9日夜（日本時間10日午前）に選管発表では開票率が99・998％に達したが、一部の結果に異議を申し立てられ、当選者が決まらない状態が続いている。

（朝日新聞二〇二一年六月一一日付）

この中に助詞の「は」が一つ、助詞の「が」が三つ含まれています。まず「決選投票は」と、「は」がこの文章の主題を掲げています。これが「象は」に当たります。これを受けて、「鼻が長い」に当たる言葉のかたまりが二つあります。「開票率が……達した」と「決まらない状態が続いている」です。さらに「状態」を修飾する語群も「当選者が決まらない」と「が」でつないだかたまりになっています。かなりややこしいですね。「が」でつないだ語句を多用すると、このように文章が長く、複雑になります。

文章を分けて、簡単にしてみましょう。短くするにはまず、「は」と呼応する語句を早く持ってくることです。

南米ペルーの大統領選は｜、当選者が決まらない状態が続いている。決選投票は｜6日に投票され、選管発表では9日夜（日本時間10日午前）までに、開票率が99・998%に達した。ところが、集計の一部に異議が申し立てられているからだ。

文章の長さについて言えば、有名作家だって文章の長い人はいる。その通りです。たとえば、こんな文章があります。

炎天に、一点の白がわきいで、あれよと見守るうち、それは円となり、円のまんなか、振子のようにかすかに揺れうごく核がみえ、一直線にわが頭上をめざし、まごう方なきあれは落下傘《らっかさん》、にしてもそのわきいでた空に、飛行機の姿も音もなく、はて面妖《めんよう》なと疑うより先きに、落下傘は優雅な物腰で、枇杷《びわ》、白樺《しらかば》、柿《かき》、椎《しい》、百日紅《さるすべり》、紫陽花《あじさい》と気まぐれなとり合せの、びっしり植えこまれた庭先きへ、枝にかからず葉も散らさず、ふわりと降り立ち、「ハロー・ハウアーユー」痩《や》せた外人、そうパーシバル将軍に似た毛唐《けとう》が、にこやかにいった。純白の落下傘は、ケープのように毛唐の肩をおおい、なだれ落ちては庭土白妙の雪と変じ、さてハローとあいさつされたのだから、応《こた》えねばならぬ、アイアムベリーグラッドトゥシーユーか、この突然の来客に、いや来客かどうかもうたがわしい毛唐にこれはおかしい、フーアーユーは、いかにも詰問調、貴様は誰だ、誰だ、誰だ三度尋ねて答えがなければズドンと射殺、なにを考えてる、とにかくあいさつが先き、ハウ、ハウ、ハウと、下腹からげじげじはいのぼり、しかも口中ねばついてままならず、以前にもたしかこういう風に、せっぱつまった記憶がある、あれは何時《いつ》だったか、考えこんだところでようやく俊夫《としお》は夢から覚《さ》め、かたわらに妻の京子、海老《えび》のように体まるめ、その尻《しり》に押されて、俊夫は、ぺったり壁と向き合い窮屈な寝相、邪慳《じゃけん》に押しもどすと、パサッ、ベッドから何かが落ちた。

（野坂昭如《のさかあきゆき》「アメリカひじき」新潮文庫）

なんとこの段落が、たった二つの文章でできています。全体の主語「俊夫」は、最後のほうになって、ようやく出てきます。しかし、よく読むと、本来句点「。」を打つべきところを読点「、」ですませているものが何か所もあり、細かな読点の区切りが、講談のような独特の語り口をつくっているのがわかります。野坂さんならぬ素人がまねをすべきではない文章です。

対照的に、短い文を重ねてシンプルでわかりやすい文章を書く作家もいます。ショートショートの名人、星新一《ほししんいち》さんです。

　そのロボットはうまくできていた。女のロボットだった。人工的なものだから、いくらでも美人につくれた。あらゆる美人の要素をとり入れたので、完全な美人ができあがった。もっとも、少しつんとしていた。だが、つんとしていることは、美人の条件なのだった。

　ほかにはロボットを作ろうなんてだれも考えなかった。人間と同じに働くロボットを作るのはばかな話だ。そんなものを作る費用があれば、もっと能率のいい機械ができたし、やとわれたがっている人間はいくらもいたのだから。

（「ボッコちゃん」新潮文庫）

これで二二三文字です。九つの文章でできています。一つの文章が平均二五文字ほどです。最後の文章以外は、主語、述語の組み合わせが一組しかない単文です。

あとでお話ししますが、主語が省略されている文もいくつかあります。漢字をなるべく少なくしているところも、読みやすさにつながっています。まず学ぶべきなのは、こういう文章でしょう。

接続詞のほとんどは不要

私は「素粒子」を三項目で書いていました。それぞれの項目は独立して一つの主張をしているのですが、全体としても意味や言葉で、なんとかつながるようにしたい、全体として一つの作品にしたいと考えていました。

となると、「だから」（順接）や「しかし」（逆接）といった接続詞を使いたくなるのですが、一文字、また一文字と、削る作業をする中では、それ自体に意味を持たないこうした言葉は、最初に捨てる対象となりました。結果として、形容詞よりさらに、接続詞を使うことは少なくなりました。ごくまれに使った例を紹介します（二〇一六年一月八日付）。

　制裁の網をしぼる。とはい
え網の中の暴れん坊はすっか
りお仕置き慣れして。中朝国
境辺りに網の破れ目もあり。

☆

しからば網の外からお説教を。南の境界線にすえた巨大拡声機で。本当のことを聞かされるのは気に障るらしく。

☆

その声を聞きたくないと誰かが言ったか。クロ現の国谷さん降板へ。平壌の街頭テレビの光景がふと頭に浮かぶ。

北朝鮮への制裁強化の話題を扱った作です。この「とはいえ」と「しからば」は、接続詞としての意味合いよりも、文章のリズムをつくる、合いの手のような効果をねらったものです。そうでなければ使わなかったと思います。使わなくても意味が通じるように書いたほうが、文字の節約になりますし、文章もきびきびした感じになります。例を挙げてみましょう。

私は東京へ行きたい。なぜなら、私が学びたいファッションの専門学校は東京にしかないからだ。しかし、東京での生活はお金がかかる。だからアルバイトをしてお金をためなくては。

この文章には接続詞が三つあります。これを全部省いてみます。

私は東京へ行きたい。私が学びたいファッションの専門学校は東京にしかないからだ。東京での生活はお金がかかる。アルバイトをしてお金をためなくては。

接続詞がなくてもちゃんと意味は通じます。むしろすっきりした感じがしませんか。

主語を省略

日本語は主語を省略しても意味が通じることの多い言語です。同じ主語が続く場合は、最初の主語以外は省略できます。日常会話ではむしろ主語を省略していることのほうが多いのではないでしょうか。

相手がはっきりしているときは、いちいち「君」とか「あなた」とか言わないし、「ぼく」とか「わたし」とかも、自分であることを強調するとき以外は、あまり使わないでしょう。書き言葉でも、敬語の使い方で主語をわからせる方法もあります。

日本では最初に学ぶ外国語が、多くの場合英語です。そのため外国語は主語をはっきりさせるものと思っている人も多いのですが、必ずしもそうではありません。スペイン語はけっこう主語を省略します。「ソイ、ハポネス」（私は日本人です）は、主語の「ヨ」を省略しています。インドネシア語の「マウ、クマナ」（どちらへ）も主語はありません。

次の「素粒子」を読んでみてください（二〇一五年一二月一日付）。

妖怪じいぴいあいえふ。兜町あたりに潜む巨大クジラ。他人のふんどしでばくちをしたがる。時に大負けをする。

☆

妖怪どうじつせん。永田町にときおり現れる。議員バッジを見つけると耳元で「ダブルだぞ」とささやいて脅す。

☆

この世にはまだまだいそうな魑魅魍魎《ちみもうりょう》。そちらでは鬼太郎や猫娘と楽しくやってますか。水木しげるさんに合掌。

水木《みずき》しげるさんが亡くなった翌日の「素粒子」です。最初と二つ目の項目は、冒頭に妖怪の名前（もちろん私の創作です）を挙げて、その後の文章は主語を省略しています。このほうが勢いがあるように思えませんか。

夏目《なつめ》漱石《そうせき》の『吾輩は猫である』の冒頭も、二行目からは主語の省略の連続です。

吾輩《わがはい》は猫である。名前はまだ無い。

どこで生れたかとんと見当《けんとう》がつかぬ。何でも薄暗いじめじめした所でニャーニャー泣いていた事だけは記憶している。

『草枕』は、いきなり主語なしで始まります。

山路《やまみち》を登りながら、こう考えた。

智《ち》に働けば角《かど》が立つ。情《じょう》に棹《さお》させば流される。意地を通《とお》せば窮屈《きゅうくつ》だ。とかくに人の世は住みにくい。

『坊っちゃん』もそうです。

親譲《おやゆず》りの無鉄砲《むてっぽう》で小供の時から損ばかりしている。小学校に居る時分学校の二階から飛び降りて一週間ほど腰《こし》を抜《ぬ》かした事がある。なぜそんな無闇《むやみ》をしたと聞く人があるかも知れぬ。別段深い理由でもない。新築の二階から首を出していたら、同級生の一人が冗談《じょうだん》に、いくら威張《いば》っても、そこから飛び降りる事は出来まい。弱虫や－い。と囃《はや》したからである。小使《こづかい》に負ぶさって帰って来た時、おやじが大きな眼《め》をして二階ぐらいから飛び降りて腰を抜かす奴《やつ》があるかと云《い》ったから、この次は抜かさずに飛んで見せますと答えた。

書き出しが主語なしで始まる例は、意外に多い気がします。

国境の長いトンネルを抜けると雪国であった。夜の底が白くなった。信号所に汽車が止った。

ご存じ、川端康成《かわばたやすなり》の『雪国』（新潮文庫）です。最初の文の主語は三つ目の文と同じ汽車ですが、汽車に乗っている主人公の目線で見れば、トンネルや雪の情景がまず出てくるほうが自然ですね。さらに作家の意識を考えると、最初の文は前半と後半で、主語が違っているのかもしれません。

トンネルを抜けたのは汽車ですが、雪国であることを見つけた、あるいはそれに驚いたのは、実は主人公の島村なのです。英語に訳せばThe train……He found that……という感じでしょうか。夜汽車の窓からほの暗い雪景色を見ているのは、省略された「彼」です。

ついでながら、冒頭の二文字をなんと発音しますか。「こっきょう」ですか。ここに出てくるトンネルは、越後湯沢の手前にある清水トンネルで、外国へ行くわけではありませんから、本当は「くにざかい」なのでしょうね。

ベッドに寝たまま、手を伸ばして横のステレオをつけてみる。目覚めたばかりだから、ターン・テーブルにレコードを載せるのも、なんとなく億劫《おっくう》な気がしてしまう。
（田《た》中康夫《なかやすお》『なんとなく、クリスタル』新潮文庫）

いくらでも例は探せそうです。一人称の小説には「私」はあまり必要がないのかもしれません。

主語だけでなく、もっと大胆な省略の例をお見せします（二〇一七年一一月一一日付）。

大きな耳は悩みを聞くふりのため。大きな口には気づかなかった。赤頭巾ちゃんたちを手にかけたオオカミ憎し。

この日の「素粒子」の一項目ですが、何のことかわかりませんね。神奈川県座間市のアパートで切断された九人の遺体が見つかった事件のことです。犯人は、悩みや自殺の相談にきた女性らを殺していました。

「素粒子」の載っている一面で、連日大きく報道されている事件なので、その日の新聞を読んでいる人に説明は不要でした。「素粒子」ならではの芸ですが、ときどきこんな省略もしました。

本歌取り＝相手の言葉を利用する

相手の言葉を取り込んでしまう。極小コラム「素粒子」を書くときには、なるべく字数を節約したい。そのためにたびたび使った手法です。「相手」とは、その時々のコラムの題材です。政治家や官僚を取り上げるときに、その人の発言を、こちらの言葉にしてしまいます。

その人物がある場面でその言葉を使ったときに、言葉にはすでに一定の意味が付け加わっています。それを利用するのです。合気道で、相手の攻めをかわし、体《たい》をさばいて投げるような感覚です。

和歌や連歌でいう本歌取りにも似ています。広辞苑によれば、本歌取りとは「意識的に先人の作の用語・語句などを取り入れて作ること」とあります。和歌や連歌では、先人の作の境地を発展させる効果を狙うのでしょう。「素粒子」の場合は相手を引っくり返すことを企《たくら》んでいるところが違いますが。
こんな例があります（二〇一八年三月一四日付）。

前に進めてくださいと言われた。その言葉で本当に前に進んだらしい。一線の官僚は特例の事情を綿密に記録し。

☆

最終責任者は佐川。佐川、佐川と。「残念残念、まことに残念」な麻生財務相。せめて頭を下げればよかったのに。

☆

18歳から成人になる若者諸君、憂愁と汚辱の世界にようこそ。いえ楽しい事だってある。まあ一杯……はだめか。

森友学園の事件で、財務省の公文書書き換えが問題になったころの「素粒子」です。「残念残念、まことに残念」と言ったのは、大臣としての監督責任を問われた麻生太郎《あそうたろう》氏です。自分の知らないところでことが起きた、と言いたかったのでしょう。しかし、その開き直りの態度こそが「残念」だと切り返したわけです。

「ご意向」「丁寧な説明」「こんな人たち」「印象操作」。安倍政権時代には、ずいぶん相手の言葉を利用させていただきました。使いすぎて食傷気味になった読者もいたかもしれません。反省しています。

最後の項目は、かつて成人の日の恒例だった、サントリーの新聞広告のパロディになっていることに気づいていただけたでしょうか。私が学生だったころは開高健《かいこうたけし》が書いていて、私たちはその教え通りにサントリーのレッドやホワイトを飲んでいました。一定の年代層には懐かしんでもらえるかな、と思った次第です。

パロディの効用については、あとで取り上げます。

もう一つ、本歌取りを使い倒した例をご覧に入れます（二〇一七年四月二〇日付）。

「一般の方が対象となることはない」と一般論の共謀罪答弁。「おのずと明らかになる」（法相）時にはもう遅い。

☆

「そもそも罪を犯す集団」のそもそも論。「元来」にしろ「基本的に」にしろ「一変」するならそもそもみな対象に。

カギかっこの中の言葉は、その当時の官僚答弁などで使われ、少々話題になったものです。ここまで繰り返すとしつこすぎますか。
本歌取りは、元の作品が知られていてこそ、その面白さがわかります。「素粒子」のように日々の話題をテーマにしていると、何年もすると元歌がわからなくなって意味が読み取れなくなるというのが悲しいところです。こんな川柳があります。

お千代さん蚊帳が広けりゃ入ろうか

何の話かわかるでしょうか。江戸中期の俳人、加賀千代女《かがのちよじょ》の句とされる『起きて見つ寝て見つ蚊帳の広さかな」の本歌取りと言えます。千代女は夫を早く亡くしたとも、生涯独身だったとも伝えられます。男目線の川柳です。それ以上の説明は不要ですね。

パロディでひねる

先の「本歌取り」と似ていますが、私は、時事的な言葉でないものを「パロディ」として区別していました。広辞苑には、こうあります。「文学作品の一形式。よく知られた文学作品の文体や韻律を模し、内容を変えて滑稽化・諷刺化した文学。日本の替え歌・狂歌などもこの類。また、広く絵画・写真などを題材としたものにもいう」

短い文章に背景を描き加え、意味を重層的にするにはもってこいの技法です（二〇一七年三月一六日付）。

やっぱり来るぞ。「農業の市場開放で第一の標的は日本」

と、米国の通商代表候補が。
蜜月の眠りを覚ます上喜撰《じょうきせん》。

☆

二度あることは三度まで。4年目の「官製春闘」は揚力を失いベアは前年割れ。経済の好循環は夢物語に終わる。

☆

JRの在来線に東海道新幹線、阪急に京阪。そこに北陸新幹線。京都大阪間に5本！
京の夢大阪の夢ではないの。

言わずもがなですが、最初の項目は、黒船来航のころ幕府の慌てぶりを皮肉った狂歌「泰平の眠りを覚ます上喜撰（じょうきせん）たった四はいで夜も寝られず」のパロディです。「上喜撰」は宇治茶の高級ブランドで、「蒸気船」との掛詞《かけことば》になっています。だからパロディのパロディとも言えます。

二つ目は誰でも知ってる「二度あることは三度ある」ということわざを、ちょっとひねったもの。「京の夢大阪の夢」は、夢や夢のような話をするときに唱える、おまじないのような言葉です。「夢物語ではないの」と皮肉ったつもりです。

もう一つ紹介しましょう（二〇一七年四月二四日付）。


天気晴朗ナレドモ……。何を今さら坂の上の雲。日本海に向け米空母と海自護衛艦が行く。握り拳を見せつけに。

☆

拳を振り上げる姿がよく似合う。「フランス人第一」のルペン氏が大統領選の決選投票へ。ＥＵの将来も天王山。

☆

先手必勝の鋭い攻め。中学生棋士、藤井聡太四段が羽生善治三冠を破る。飛ぶ鳥も恐れをなして逃げそうな勢い。

「本日天気晴朗ナレドモ波高シ」は、日本海海戦の前に戦艦三笠から大本営に送った電文です。横須賀で保存されている三笠は、内部が博物館になっていて、いまはＶＲ（仮想現実）装置もあります。

それを装着すると、東郷平八郎《とうごうへいはちろう》や秋山真之《あきやまさねゆき》と一緒に、三笠の艦橋に立って日本海を見つめている気分になります。最初の項目は、読者にもそんな気分になってもらったうえで、いまはそんな時代じゃないでしょう、と言いたいわけです。

藤井《ふじい》聡太《そうた》さんの勢いは止まりません。「飛ぶ鳥」も「落とされる」前に逃げ出すほど、という……まあ、解説の必要はないですか。

パロディが成立するためには、読み手、聞き手が元の文章を知っている必要があります。知らなければ、何をもじっているかがわからず、どこが面白いのかわかってもらえないでしょう。

「鰯《いわし》の頭も信心から」「女は三界《さんがい》に家なし」「ごまめの歯ぎしり」「亭主の好きな赤烏帽子《あかえぼし》」「洞ヶ峠《ほらがとうげ》を決め込む」……。昔からのことわざ・慣用句ですが、さて、いまの若い方にどのくらい通じるのか。

昔、歌舞伎が全盛だったころ、有名な芝居の場面は一般常識だったようです。仮名手本《かなでほん》忠臣蔵《ちゅうしんぐら》の四段目、判官《はんがん》切腹の場面に遅れて駆けつけた由良之助《ゆらのすけ》のさまを「遅かりし由良之助」と言います。かつては誰もが知っている言葉でしたが、いまは覚えている人も少ないでしょう。「遅かりし〇〇」は使えそうにないですね。

落語にバレ噺《ばなし》といって、少人数の席で演じるちょっと色っぽい話があります。その中に「細かりし由良之助」というのがあるそうです。浅野《あさの》内匠頭《たくみのかみ》を亡くした後の、妻の瑤泉院《ようぜんいん》をあつかった話です。これも男目線です。説明は控えます。

「京の夢大阪の夢」はどれだけわかってもらえたか。これまた後になって反省しています。

逆のことを思えば、私もいまの流行にはついていけてないところがあるので、若い人のパロディは理解できないかもしれません。時代の流れが速いと、世代の分断はこんなところにも表れるのでしょうか。

第二章　読み心地のいい文章にする法

「読んでよかった」と思う文章

読み心地のいい文章と、そうでない文章があります。言い換えれば、読後感がいい文章と、すっきりしない文章とも言えるでしょう。

読み心地のいい文章は、引っかかることなくすらすら読めて、読んだ後にちょっと気分がよくなる。読んでよかったなと思う、そんな文章です。反対に読みづらく、わかりにくく、読んで損した、と思うような文章にはしたくないものです。

読み心地のいい文章にするには、前章で触れたように文章を磨《みが》くことがまず大切です。しかし、ただ磨いただけ、お酒で言うなら雑味をとっただけでは、水のように味わいが薄くなります。旨味《うまみ》やこくも必要です。

そのためには、まず文章のリズムを整える。そしてオノマトペを効果的に使ったり、ユーモアやウィットをしのばせたりすること、などが肝心です。

「素粒子」を引き受けたときに私は、不遜《ふそん》にも先輩たちの作品は読まないことに決めました。読めばどうしても影響されてしまう。まねはしたくない。たとえ回り道でも、自分なりのコラムをつくってみたい、と考えたからです。

その代わり、何か文体をつくるきっかけが欲しい、と思って始めたのが漢詩を読むことでした。高校で漢文を習って以来のことだったかもしれません。

なぜ漢詩か。日本語は、縄文《じょうもん》時代以前からあったやまとことばと、弥生《やよい》時代以降に中国から入ってきた漢語とが、混然一体となってできています。

井上《いのうえ》ひさしさんが母校の上智大学での講演で、こんな実験をしました（『日本語教室』新潮新書）。学生の一人に一から一〇まで数えさせたのです。

学生　イチ、ニイ、サン、シー、ゴー、ロク、シチ、ハチ、キュウ、ジュウ。
井上　逆に、今度はジュウから下ってみてください。
学生　ジュウ、キュウ、ハチ、ナナ、ロク、ゴー、ヨン、サン、ニー、イチ。

上っていくときは漢語で数えているのに、下りにはやまとことばが現れます。「ナナ」や「ヨン」がそうです。普段、逆から数えることは少ないから、そこに本性が現れる、と井上さんは言っています。私たちは無意識のうちにやまとことばと漢語を使い分けているわけです。

アメリカ出身でありながら、日本語を自在に手繰《たぐ》る文学者、リービ英雄《ひでお》さんは、漢字やひらがな、カタカナなどが混じりあった、日本語の書き言葉に惹かれたといいます。

日本語には漢字があり、平仮名があり、片仮名があり、現代ではローマ字もある。ぼくの文章には中国の簡体字も入る。いわゆる「混じり文」だ。

ぼくは「混じり文」に惹かれて、書いたのだと思う。

最初は、無意識だった。無意識のうちに、美しいと思って書いた。書きたいと思って、書いた。

プリンストン大学の恩師に、三島由紀夫や大江健三郎の翻訳で知られるジョン・ネイスンがいる。あるとき、アジア学会が行われたホテルのロビーで一緒になり、「日本語は美しい、フランス語など問題にならない」「本当にそのとおりだ」というやりとりがあった。「日本語は美しい」と言ったとき、ぼくが何をイメージしていたかというと、縦書きで、漢字、平仮名、片仮名の混じり文を、自分の目で読み、自分の手で書く、ということだった。(中略)

歴史的に見て、日本は固有の文字をもっていなかった。自分の言葉――「土着」の感性――を書くために、異質な文字――「舶来」の漢字――を使わなければならなかった。日本語を書く緊張感とは、文字の流入過程、つまり日本語の文字の歴史に否応なしに参加せざるを得なくなる、ということなのだ。誰でも、日本語を一行書いた瞬間に、そこに投げ込まれる。それは、中国人もアメリカ人もフランス人も、意識せずに済む緊張感だ。

（『我的日本語』筑摩選書）

江戸時代の寺子屋では「素読《そどく》」ということをしました。漢文を、意味はさておいて、まず声に出して読ませるのです。たとえば、「過則勿憚改」（「論語」学而）を「あやまちては、すなわち、あらたむるに、はばかることなかれ」と読みます。中国語の書き言葉を日本語にして読んでしまう、昔の日本人の知恵でした。

そのころの学問は、そこから出発したのです。いまではそんな勉強の仕方はしませんが、この漢文読み下しのリズムは、日本人の言語中枢《ちゅうすう》にすっかり住み着いているような気がします。谷崎潤一郎《たにざきじゅんいちろう》はこんなことを言っています。

昔は寺子屋で漢文の読み方を教えることを、「素読を授ける」と云いました。**素読**とは、講義をしないでたゞ音読することであります。私の少年の頃にはまだ寺子屋式の塾があって、小学校へ通う傍そこへ漢文を習いに行きましたが、先生は机の上に本を開き、棒を持って文字の上を指しながら、朗々と読んで聴かせます。生徒はそれを熱心に聴いていて、先生が一段読み終ると、今度は自分が声を張り上げて読む。満足に読めれば次へ進む。そう云う風にして外史や論語を教わったのでありまして、意味の解釈は、尋ねれば答えてくれますが、普通は説明してくれません。ですが、古典の文章は大体音調が快く出来ていますから、わけが分らないながらも文句が耳に残り、自然とそれが唇に上って来、少年が青年になり老年になるまでの間には、折に触れ機に臨んで繰り返し思い出されますので、そのうちには意味が分って来るようになります。古の諺に、「読書百遍、意自ら通ず」と云うのはこゝのことであります。

（『文章読本』中公文庫）

漢詩のリズムを生かす

私が漢詩に興味を持ったのは、その定型のリズムが、同じく定型で書いている「素粒子」に生かせないかと思ったからです。谷崎は「古典の文章は大体音調が快くできている」と言っていますが、私はむしろ、古典を音読するうちに、そのリズムが頭に染《し》みついて、心地よく感じるようになったのではないか、と考えています。

漢詩には五言絶句や七言律詩など、いくつもの型があります。その中で、全体の長さは別として、一行が七文字（七言）のもののほうが、五文字（五言）よりも、リズムや分量がちょうど「素粒子」に、はまる感じがしました。
李白《りはく》や杜甫《とほ》に代表される百花繚乱《ひゃっかりょうらん》の唐《とう》代の詩も、少し枯れて生活感がある宋《そう》代の詩もそれぞれに味わいがあります。

春夜　　蘇軾《そしょく》
春宵一刻直千金
花有清香月有陰
歌管楼台声寂寂
鞦韆院落夜沈沈

しゅんしょう一刻、あたい千金
花に清香あり、月に陰あり
かかんろうだい、声せきせき
しゅうせん　いんらく　夜ちんちん

蘇軾は北宋中期の官僚詩人です。春の夜は短い時間でも千金の値打ちがある。花はさわやかな香りを放ち、月にはおぼろな暈《かさ》がかかっている。歌声や笛の音が響いていた高楼も、いまは静まり返っている。ぶらんこが残された中庭に、夜は深々と更けていく。おおむね、そんな意味です（『漢詩を読む③白居易《はくきょい》から蘇東坡《そとうば》へ』平凡社）。

漢字で書くと七文字×四行ですが、読み下し文にすると「素粒子」の一項目、一三文字×四行にほぼ匹敵します。二行目と、後半の二行はそれぞれ対句《ついく》になっています。これも心地よいリズムをつくっています。

では、「素粒子」の対句の例を（二〇一七年三月一五日付）。

バレンタインデーにできず
ホワイトデーにもできず。東
芝が決算の告白を再び延期。
原発事業がリスクとなって。

☆

財務官僚は記録を捨て　稲田
大臣は記憶を失う。忘れてし
まいたいのだろうけど。政権

のリスクとなった森友問題。

☆

かつて「無辜《むこ》の民には及ぼさない」。いま「一般人は対象外」。治安維持法と共謀罪の相似形。国民へのリスク再び。

三項目とも対句が入っています。全体を「リスク」でつないでみたものです。もう一例（二〇一七年一二月一二日付）。

村上春樹さんは神宮球場の外野席で。カズオ・イシグロさんは米歌手のバラードで。大作家に物語が降りた瞬間。

これも拙《つたな》いながら対句になっています。カズオ・イシグロさんがノーベル文学賞を受賞したころの「素粒子」の一項目です。イシグロさんは受賞が決まった後の講演会で、『日の名残り』の創作秘話を明かしました。物語に何か足りないと思っていたときに、米国のミュージシャン、トム・ウェイツのバラード「ルビーズ・アームズ」を聴《き》いたそうです。『日の名残り』の主人公は感情を表に出さない人でしたが、心の底からの叫びのようなバラードを聞いて、最後に一瞬だけ鎧《よろい》の下を垣間見せることにしたそうです。村上春樹《むらかみはるき》さんは、神宮球場の外野席の芝生に寝っ転がって、ヤクルト対広島の試合を見ていたときに、神の啓示を受けたかのように小説家を志したといいます。ハルキストにはよく知られた話ですね（二〇一八年一月一三日付）。

私アラフィフ、私アラ還。

ネットにはおひとりさまブログ数知れず。未婚、晩婚で40年には一人暮らしが4割に。

やっぱり対句になっています。李白さんや杜甫さんには怒られそうですが、これにも漢詩の影響はあると思っています。

七五調を警戒

歴代の「素粒子」筆者の中には、文章の中に俳句など取り入れる人も多くいました。私は極力使わないようにしていました。なぜかと言うと、誰か他の人の俳句を引用することは、他人の力に頼っているように思え、ただでさえ短い文章にそれを入れることで、自分の言いたいことを削らざるを得なくなるのが嫌だったのです。例外的に使うときは、その一部を使うか、パロディにしていました（二〇一八年三月三一日付）。

あつき血汐《ちしお》にふれも見で。今年明治150年。与謝野晶子は生誕140年。君死にたまふことなかれをかみ締め。

☆

金曜日の官邸前デモが再燃する。政権への怒りの声は夜空にとどろく。そのころ首相は東京ドームで野球を観戦。

☆

願わくは花の下にて……。

こよい満月、退《ひ》くには好日。

欠けたることばかりの7年あまり。ご愛読に感謝します。

私が書いた最後の「素粒子」です。いずれもほんの一部ですが、珍しく短歌を二つ、詩を一つ引用しています。

与謝野晶子《よさのあきこ》は、その後の項目の、金曜デモに集まった人たちの心情に通じるところがあると思って引きました。最後の項目に出てくるのは西行《さいぎょう》の有名な歌です。「願わくは　花の下にて　春死なん　その如月《きさらぎ》の　望月の頃」。できることなら春、満開の桜の下で、釈迦《しゃか》の入滅と同じ満月の日に死にたいものだ、という意味です。

如月は陰暦の二月ですが、新暦なら三月になります。この「素粒子」を書いた日はたまたま満月でした。ですので、「退くにはよい日だ」ということになり、月にちなんで「欠けたることばかり」と続きます。

「こよい満月」は七音。「退くには好日」も「好日」を「よきひ」と読めば七音です。それまでなるべく避けてきた七五調を、最後だからと思って使ってしまいました。

なぜ避けてきたかというと、「素粒子」は短いけれど散文だ、という気構えがあります。七五調になると、どうしても韻文っぽくなります。下手をすると、「飛び出すな車は急に止まれない」のような、交通標語っぽくなってしまうこともあります。

七五調は日本人の心に染みついたような韻律ですが、安易にそこにはまると、文章全体が何か手垢《てあか》にまみれたような印象になる気がしたのです。

七五調について、井上ひさしさんはこんな考察をしています。

ヤマ、カワ、ウミ、ソラ、トリ、ウオ、イネ、ハナ、フク、カネなど、日本語の基本単語には二音節のものが多い。一方、これらの二音節のことばの上にかぶせられる枕詞は圧倒的に五音である。すなわち合わせて七音。

他方、二音節のことばが助詞群（一音が多い）で繋がれ、〔2・1・2〕、あるいは〔2・2・1〕で、五音となる。

こうして七音と五音とが日本語の基本の韻律となった。（中略）

筆者は、日本語はリズムになろうとする前にまず二音ずつの音塊になるといった。

これが正しければ、自然に七五調は「日本語の宿命」ということになるだろう。すなわち「2n＋1」が成り立つからである。二音の塊りがいくつかに助詞ひとつ、これを数式にして「2n＋1」なのだが、このnが二個であれば五音、三個なら七音が得られる。

（『私家版　日本語文法』新潮文庫）

井上さんによると、枕詞《まくらことば》は八五〇ほどあり、そのほとんどが五音だそうです。「あかねさし（照る）」「たらちねの（母）」「ゆふづくよ（入る）」などです。三音が「をだて（大和）」の一つだけ。四音が「ももしね（美濃）」など二七。六音が一八、七音が二つだけと言います。

文字のなかった時代、語り部が物語を始める決まり文句として枕詞を使ったのではないか、というのが井上さんの見方です。五音の枕詞が、ある単語の上につく。日本語の単語は二音節が多い。そうして七音のかたまりができる。七五調のできあがりです。

井上さんは、山口素堂《やまぐちそどう》の句「目には青葉山郭公《ほととぎす》はつ鰹《がつを》」を挙げ、たいていの人が「目に青葉」と言いやすくしてしまうことを指摘しています。そして「複数で同じことを声を揃《そろ》えて調子をつけてものを言う場合、われわれはとかく五七や七五などのきまり切った、新味のない調子になりやすいことを普段から弁《わきま》えておくことは必要だろうと思う」と、やはり七五調に陥《おちい》りやすいことを警戒しています。

テンかマルか

書き言葉のリズムを表すものに、句読点があります。「。」（句点）と「、」（読点）です。これをどこに打つかは意外に難しい。人の呼吸のようなもので、適切なところに打ってあると楽に読めますが、変なところにあると息苦しくなります。こんな文章があります。読んでみてください。

元帥《げんすい》陸軍《りくぐん》大将《たいしょう》従二位《じゅうにい》勲一等《くんいっとう》功一級《こういっきゅう》伯爵《はくしゃく》　寺内正毅《てらうちせいき》閣下《かっか》などゝ厳《いか》めしい金《きん》モールの光《ひかり》を以《もっ》て国民《こくみん》を眩惑《げんわく》し得《う》る時代《じだい》は夙《つと》に過《す》ぎ去《さ》つた。沐猴《もっこう》の冠《かんむり》に誰《たれ》が尊敬《そんけい》を拂《はら》ひ得《う》るか国《こく》民《みん》は塗炭《とたん》に苦《くるし》んでゐる空倉《くうそう》の雀《すずめ》は飢《うえ》に泣いてゐる

二十五日午前《ごぜん》十時《じ》から大阪《おおさか》ホテルに集《あつま》つた関西新聞社通信社《かんさいしんぶんしゃつうしんしゃ》八十六社百六十六社《しゃ》人《にん》の人々《ひとびと》に同《おな》じ顔《かお》を持《もつ》たものはないが心《こころ》は一人《ひとり》の如《ごと》く同《おな》じくしないものはなかつた

廣《ひろ》いヴェランダはそれ等《ら》の熱烈《ねつれつ》な人々《ひとびと》によつて隙間《すきま》もなく詰《つま》つた、内閣弾劾《ないかくだんがい》の火蓋《ひぶた》を切《き》つた轟然《ごうぜん》たる花火《はなび》の音《おと》と共《とも》に急霰《きふさん》の如《ごと》き拍手《はくしゅ》は湧《わ》いた、桐原大阪毎日相談役《きりはらおおさかまいにちそうだんやく》の挨《あい》拶《さつ》についで村山本社長《むらやまほんしゃちょう》　座長《ざちょう》に推《お》され直《ちょく》に決議文《けつぎぶん》の起草委員《きそういいん》が指名《しめい》せられた、やがて

決議文《けつぎぶん》は本社《ほんしゃ》の和田信夫《わだのぶを》氏《し》によつて朗読《らうどく》せられる

「寺内内閣の暴政を責め　猛然として弾劾を決議した　関西記者大会の痛切なる攻撃演説」と題した大正七年（一九一八年）八月二六日付の大阪朝日夕刊の記事です。「白虹《はっこう》事件」といわれる筆禍事件のもとになったものです。

まず文末のマルはありません。テンも少なくて文章が長々と続きます。いまならマルを打つべきところがテンになっています。一〇〇年あまり前の新聞記事は、こんな感じだったのです。

当時はまだ、統一された句読点の打ち方がなかったようです。実は朝日新聞が、一般記事の文末に句点を打つようになったのは、昭和二五年（一九五〇年）七月一日からです。当時としては画期的なことだったそうです。翌年に毎日新聞が、そのまた翌年に読売新聞が追随しました。

では、読点はどうかというと、いまでも書き手に任されているようです。息継ぎをするように打つ、などと言われますが、一定の基本はあります。

まず読点の重要な役目として、誤読を防ぐということがあります。有名な例として、ここではきものを脱いでください。

この例では、読点は必ず打たねばなりません。「で」のあとに「、」を打つか、「は」のあとかで、まったく意味が違ってきます。

これ以外の読点の打ち方にも、いくつかの基準はあります。第一に、主語述語が二組あるときに、ひとかたまりの文章の切れ目に打つ場合です。

東京は晴れていたが、大阪は雨だった。

第二に、主語述語の構成の中に、もう一組の主語述語がある場合。

私は、彼がかなりの碁打ちであることを知っている。

「私は……知っている」の間に「彼が……碁打ちである」が挟まれています。

第三に、対等のものを並べる場合。

葛《くず》もちも、豆大福も、上生菓子《じょうなまがし》も、和菓子なら何でも売っている。

第四に、感嘆詞や、呼びかけのあと。

さあ、これから勉強するぞ。

これらの場合、必ず読点を打たなければならない、というものでもありません。要は文章にリズムがあって、気持ちよく、すらすら読めればいいのです。丸谷《まるや》才一《さいいち》はこんなふうに言っています。

ところで、符号のなかの難物がまだ残つてゐる。言はずと知れた句読点――句点（。）と読点（、）で、前者のほうはともかく、後者に関しては誰だつて手を焼くにちがひない。われわれの文章では、読点のつけ方がまだ様式として確立してゐないからである。そこでほとほと困つたあげく、人はよく、自分の呼吸に従つて、それが切れるところで点を打てなんて教へるけれど、さあ、あの方針は果して正しいものかしら。

わたしはかねがね疑つてゐる。その文章を読む場合の、息の切り方を正確細密に写すつもりで取りかかると、むしろ読点が多くなりすぎ、そして読点が多すぎる文章を書くならば、意味のまとまりをつける作業を読点に頼りがちになるため、かへつて明晰さを欠くおそれがあるやうな気がする。わたしは何も息づかひに背いて読点を打てとすすめる者ではないが、ここではむしろ、文《センテンス》の構造をあざやかにするために読点を施すといふ気持を強調しておきたいと思ふ。

（『文章読本』中公文庫）

その丸谷が、どんな文章を書いているか見てみましょう。

三日の晝ごろ、遅く起きて数の子で一杯やり、それから郷里の姉が送つて来た餅を二つ雑煮にして食べたあとで、画商は納戸にしまつてある絵の整理をしてゐたが、端のほうに置いたドランの版画を持上げようとしたとき、腰に激しい痛みが走つた。床《ゆか》の上に三十分ばかり倒れてゐて、ゆるゆると起き上らうとしてまた動けなくなり、一時間後、管理人に電話してやうやく助けに来てもらつた。

（『裏声で歌へ君が代』新潮社）

確かに読点の打ち方は、一呼吸で読み切るには少々長すぎる感じがします。谷崎潤一郎は、句読点を「到底合理的には扱い切れない」として、「読者が読み下す時に、調子の上から、そこで一と息入れて貰いたい場所に打つことにしております」(『文章読本』中公文庫)と言っています。その谷崎の文章です。

この間何かの雑誌か新聞で英吉利《イギリス》のお婆さんたちが愚痴をこぼしている記事を読んだら、自分たちが若い時分には年寄りを大切にして労《いた》わってやったのに、今の娘たちは一向われ〲を構ってくれない、老人と云うと薄汚いもののように思って傍へも寄りつかない、昔と今とは若い者の気風が大変違ったと歎いているので、何処の国でも老人は同じようなことを云うものだと感心したが、人間は年を取るに従い、何事に依らず今よりは昔の方がよかったと思い込むものであるらしい。(『陰翳礼讃』中公文庫)

たいへん長い一文です。目で追っていく分には、つっかえずにすらすら読めます。限られた読点の位置を精密に計算しているのでしょう。

ところが声に出そうとすると、自分で適当に息継ぎをしないと読めません。文豪にはたいへん失礼ながら、私なら六つか七つの文章に分割します。

オノマトペの功罪

「ふわふわ」「にやにや」「はらはら」。実際の音や、ものごとの状態を音のようにあらわした言葉をオノマトペといいます。

日本語には、この種の言葉がたくさんあります。なぜこんな言葉があるのでしょうか。哲学者の鷲田《わしだ》清一《きよかず》さんは『「ぐずぐず」の理由』（角川選書）の中で、こんな考察をしています。

「つくえ」という音とじっさいの机の形は似ていない。だから机を、英語ではテーブル（table）といい、独語では「ティッシュ」（Tisch）という。（中略）ところが、オノマトペにおいては、音と意味の関係がより密接なので、類似という現象があきらかにみられる。ただ、擬声語・擬音語のばあいがとくにそうであるように、「ねちゃねちゃ」「どろどろ」「するする」「ぶつぶつ」といったまさに音が聞こえるかのような表現もあれば、「いらいら」「よちよち」「しぶしぶ」「ぼちぼち」といったように言いえて妙ではあるが、その佇《たたず》まいをよくぞそのような音で表現したと古人に感服せざるをえない表現もある。

「オノマトペで表現される世界の感触は、もっとこちら側、つまり身体の近くにある」とも言っています。やまとことばと漢語という日本語の二つの源流を振り返ると、オノマトペは、漢字で表される理屈の世界とは対極にある、太古からの情念の世界を描いているともいえそうです。

オノマトペを文章に用いることには、肯定派と否定派がいます。否定派の代表は三島由紀夫《みしまゆきお》です。

擬音詞は日常会話を生き生きとさせ、それに表現力を与えますが、同時に表現を類型化し卑俗にします。（中略）擬音詞の第一の特徴は抽象性がないということであります。それは事物を事物のままに人の耳に伝達するだけの作用しかなく、言語が本来の機能をもたない、堕落した形であります。それが抽象的言語の間に混ると、言語の抽象性を汚し、濫用されるに及んでは作品の世界の独立性を汚します。（中略）擬音詞は各民族の幼児体験の累積したものというべきであります。日本の猫はニャオと鳴き、西洋の猫はミャアオと鳴きます。ミャアオをニャオと翻訳すれば、それだけで一つの民族の幼児体験が、われわれの民族の幼児体験に移されます。こんな理由で擬音詞を濫用した翻訳は、非常に親しみやすいうまい翻訳に見えますが、上等の翻訳でないことは言うまでもありません。

（『文章読本』中公文庫）

まったくさんざんな言われ方です。これに対するオノマトペ肯定派が井上ひさしさんです。三島由紀夫が「擬音詞（オノマトペ）を節約すること」を学んだという森鷗外《もりおうがい》が、逆にオノマトペを盛大に使っている例を引いています。「雁《がん》」の前半、お玉の描写です。

ふつくりした円顔《まるがほ》の、可哀《かはい》らしい子だと思つてゐたに、いつの間にか細面《ほそおもて》になつて、体も前よりはすらりとしてゐる。さつぱりとした銀杏返《いてふがへ》しに結《い》つて、こんな場合に人のする厚化粧なんぞはせず、殆《ほとん》ど素顔と云つても好い。

（『自家製　文章読本』新潮文庫）

井上さんの説では、オノマトペは「単独で用いられるとどこか脾弱《ひよわ》な日本語動詞のための有力な援軍」ということです。そして「歩く」という動詞を例に挙げ、その内容を具体化し、聞き手の感覚に直に訴えたいときに使うものとしてたくさんのオノマトペを紹介しています。

いそいそ、うろうろ、おずおず、ぐんぐん、こそこそ、ざくざく、しゃなりしゃなり、しおしお、すごすご、すたすた、すたこら、ずんずん、ずしんずしん、せかせか、ぞろぞろ、たよたよ、だらだら……まだまだあります。

私も、オノマトペは適切に使えばいいと思います。実用的な文章には使いづらいでしょうが、エッセイや創作には効果を発揮する場面があるはずです。

米国生まれで、英語、ロシア語、ポーランド語、日本語に習熟しているロジャー・パルバースさんは、宮沢賢治《みやざわけんじ》の「真空溶媒《ようばい》」という詩を取り上げて、こんなことを言っています。

うらうら湧《わ》きあがる昧爽《まいそう》のよろこび

(注：昧爽とは、夜明け方の意)

「うらうら」は、はるかさかのぼること万葉集の時代から使われている擬態語の表現ですが、「うらうら」で始まり、「よろこび」で終わる言葉の流れはとても美しく抒情的で、その表現は見事というほかありません。

この長い詩の後ろのほうで、賢治はさらに雲をこう描写しています。

ころころまるめられたパラフィン《パラフィン》の団子《だんご》になつて《なって》
ぽつかりぽつかりしづかに《ぽっかりぽっかりしずかに》うかぶ

これは日本語で書き記された最も美しい擬態語の表現というだけではなく、最も美しい隠喩《いんゆ》の一つでもあると思います。（『驚くべき日本語』集英社インターナショナル）

こんな例もあります。

おんひらひら蝶も金ぴら参り哉　一茶《いっさ》

「ひらひら」というオノマトペに「おん」をつけて、金毘羅《こんぴら》神の真言《しんごん》でサンスクリット語の「オンヒラヒラコンピラ」にかけたようです。金毘羅さまの長い石段を、蝶も一緒にのぼっていく姿が目に浮かぶようです。「ひらひら」だけで「飛ぶ」という動詞の役割も果たしています。たった一七文字しかない俳句でも、オノマトペは効果を発揮しています。

こういう句もあります。

池の星またはらはらと時雨《しぐれ》かな　北枝

北枝《ほくし》は加賀藩御用の刀研師《とぎし》でした。芭蕉の弟子で、「おくのほそ道」の一部にも同行していました。この句では「はらはら」で「降る」という動詞を省略しています。

ただしオノマトペの使いすぎは禁物です。「ほっこり」という言葉があります。これもオノマトペです。ある時期から、さんざん使い倒されて、かなり手垢がついた表現になってしまいました。「温泉宿でほっこり癒《いや》される」なんていう表現を、女性誌などで目にされた方は多いでしょう。

京都生まれの鷲田清一さんによると、もともと京都でしか使わない言葉だったそうです。広辞苑にはこうあります。①あたたかなさま。ほかほか。狂言、木六駄《きろくだ》「燗を―として一杯飲まう」②（上方方言）ふかし芋。東海道中膝栗毛(8)「女中がたの器量ふきりやう、―買うて喰うてござるも③もてあまして疲れたさま。

二〇一一年発刊の『「ぐずぐず」の理由』で鷲田さんは、「広辞苑に載っているから方言ではないのだろうが、小さめの国語辞典には載っておらず、あまり流通してはいないようだ」と書いています。「ほっと一息つくときに使う」「味わいのある言葉」だとも言っています。
これに真っ向異論を唱えているのが、朝日新聞の後輩、近藤康太郎《こんどうこうたろう》さんです。彼の立ち位置はどうやら三島由紀夫に近いようです。『三行で撃つ』（CCCメディアハウス）の中に「あざといオノマトペ」という項目があります。彼は「初心者はもちろん、伸び盛りのライターも、いっときでいいから、このさいオノマトペを全部やめませんか」と書き、その代表選手として「ほっこり」を挙げています。

「ほっこり」が若者言葉として『現代用語の基礎知識』に載ったのが、二〇一〇年です。じっさいにさかんに使われ始めたのはそれよりも前ですから、かれこれ十数年前の流行です。そんな旧感覚語を、新感覚として文章に書かれて「どうだ」と言われても、鼻白むだけです。

さすがに若いライターと日々過ごして、感覚を磨いている人は違います。鷲田先生がちょっとかわいそうになります。
「素粒子」では、オノマトペはあまり使いませんでした。行数に制限があるので、なかなか余裕がなかったというのが実情です。

めずらしくオノマトペをたくさん使った例をお見せします（二〇一三年九月二五日付）。

ざっくりですませていたか保守点検。また異常170カ所のJR北。きっちり敷き直すべきは鉄路だけにあらず。

☆

ブラックベリーは身売り。iPhoneには驚きなし。さくさく動くだけでは不満とは、消費者はよくよく欲深。

☆

若者も手書きが理想と文化庁調査。字は人柄を表し言霊を包み。読者から届いた手紙に仕事を忘れ、ほっこりと。

「よくよく」はオノマトペではありません。「善く善く」または「能く能く」とも書き、「念には念を入れて」「きわめてはなはだしい」という意味の副詞です。

あれあれ、「ほっこり」を使っていましたね。二〇一三年だと、まだ許されるのかどうか。どちらにしても、これからはもう使わないぞ、という自戒も込めてご披露しました。

オノマトペと似ているものに感動詞があります。「やれやれ」「よいしょ」「どっこいしょ」「ちぇっ」「ちくしょう」などです。鷲田さんは、感動詞を「身体のふるまいのなかに内蔵されたつぶやきであり、その構造のなかに組み込まれた囃し立て」と言っています。

「やれやれ」といえば、村上春樹さんを思い出す人も多いでしょう。生化学者で翻訳家でもある中野《なかの》善夫《よしお》さんが、村上さんの初期作品に「やれやれ」がどれだけ出てくるか調べて、ツイッターで公表しています。

その結果は、『風の歌を聴け』〇回、『1973年のピンボール』一回、『カンガルー日和』八回、『羊をめぐる冒険』一一回、『世界の終りとハードボイルド・ワンダーランド』二一回、『ダンス・ダンス・ダンス』三〇回だそうです。初期作品での、村上さんと周囲の世界の距離感のようなものが感じられて、興味深いです。

心をなごませるユーモア、しゃれ言葉

すべての文章にユーモアの要素が必要だとは思いませんが、「くすっ」と笑えるような文章は、心をなごませ、読み心地をよくするものです。

「素粒子」は主に時事問題を扱うコラムなので、どうしても文章が硬くなるきらいがあります。主張ばかりが先走って、ともすれば、上から目線の独りよがりに陥ってしまう。それを避けるためには、ふんわりとしたユーモアのオブラートに包んで、読みやすくすることです。そんな心境に至ったのは、書き始めて何年かたったころでしたか。こんな作がありました（二〇一五年五月二〇日付）。

ものの始まりが一ならば…

…島の始まりが淡路島（車寅次郎）。砂置き場から銅鐸《どうたく》のお宝がごろごろと。さすが。

☆

見上げたもんだよ屋根屋の

……。屋根なしと聞けば、急に貧乏くさく。それでいて予算が足りない新国立競技場。

☆

たんかが切れ、けんかっ早い大将がいなくなり。生まれ育ちの大阪とのえにしが弱まり。維新の党の当てなき旅。

ご存じ、フーテンの寅《とら》さんのパロディです。字数が限られ、寅さんのたんかを全部書きれないので「……」を多用しています。最初のは、「たんか売《ばい》」の口上で「ものの始まりが一ならば、国の始まりが大和《やまと》の国、島の始まりが淡路島、泥棒の始まりが石川の五右衛門……」と続きます。

その淡路島で、石材会社の砂置き場から、銅鐸が七つも見つかったという話がありました。二つ目の「……」はご存じですね。最後のは、維新の党が、大阪都構想の賛否を問う住民投票に敗れた後、橋下徹《はしもととおる》氏が政界引退を表明したことを取り上げました。「たんかが切れ」「けんかっ早い」「当てなき旅」は、もちろん寅さんのイメージです。

私は大阪で生まれ育ちました。子どものころは、まだ土曜日も午前中だけ授業がありました。「半ドン」などと言いましたっけ。学校が終わると、家で昼ご飯を食べ、そのままテレビにかじりつきました。そのころの関西では、土曜の午後はお笑い番組が目白押しだったのです。落語や漫才の寄席中継、吉本新喜劇、松竹新喜劇。各局が競うように放送する番組を、私はチャンネルを右へ左へ回しながら（こんな表現はいまでは通じませんね）見たものです。

落語では、六代目笑福亭松鶴《しょうふくていしょかく》、三代目桂米朝《かつらべいちょう》、三代目桂小文枝《かつらこぶんし》、三代目桂春団治《かつらはるだんじ》の上方四天王が絶頂期で、米朝の弟子の枝雀《しじゃく》は、当時は小米《こよね》を名乗っていました。のちに上方落語協会会長になる桂三枝《かつらさんし》（後の六代目桂文枝）はまだ新鋭だったでしょう。

漫才は、横山《よこやま》やすし・西川《にしかわ》きよしと、コメディNo.1が日の出の勢い。夢路《ゆめじ》いとし・喜味《きみ》こいしは現役ばりばり、横山エンタツ・花菱《はなびし》アチャコもまだ元気でした。吉本新喜劇は花《はな》紀京《ききょう》と岡八朗《おかはちろう》、松竹新喜劇は藤山寛美《ふじやまかんび》が絶頂で、二代目渋谷天外《しぶやてんがい》もときどき舞台に上がっていました。

そんな時代なので、学校での友達との会話も漫才のやりとりのようになります。ボケ役とツッコミ役が自然にできるのです。いや、できないと仲間に入れてもらえなかったのかもしれません。

それは何もわれわれの世代だけのことではなく、商都大阪で、商売や交渉ごとをやんわり、円滑に進めるための知恵だったのでしょう。

明治時代から使われたという大阪のしゃれ言葉があります。

「夜明けの幽霊」（いつの間にか立ち消え）
「笊籬《いかき》にしょんべん」（笊籬は竹で編んだ籠で、とんとたまらんの意）
「雨降りの太鼓」（ドン鳴らんで、どうにもならないの意）
「お四国さんの日和」（阿波照るで、慌てるの意）
「八月の槍」（盆の槍で、ぼんやりの意）

（札埜《ふだの》和男《かずお》『大阪弁「ほんまもん」講座』新潮新書）

こんな言葉を使いながら、大阪人は会話を楽しんでいました。たとえば、こういう具合です。

「ウチの子、同級生にも『八月の槍や』って言われてるしなあ。寄り道せんとお遣い先まで行ってるやろか」

「槍なんやったら、ちゃんとまっすぐついてるやろ」

（福井《ふくい》栄一《えいいち》『大阪人の「うまいこと言う」技術』ＰＨＰ新書）

ベトナム戦争の従軍記や釣り紀行で知られる開高健も大阪生まれです。だからと言っていいかどうかわかりませんが、彼のエッセイにはユーモアにあふれたものが多いようです。入院して胆石をとったときの話です。

いままでの無方針という方針を変更しなければなるまい。質と量を同時に制限なしに追求することをやめて、肝臓をいたわりいたわり、質だけを制限つきで追求するということになるのだろう。何の心配もいらない、ほんのちょっと注意すればすむことですと、医師《せんせい》は淡々の口調ではげましてくださる。いずれにしてもバルザック時代はここに終った。一時代が終ったのだ。男の一生にあるいくつかの階段の一つをおりてしまったのだ。くやしまぎれにいうのだけれど、後悔はないサ。回想できて退屈しないですませられるくらいは、もう、すでに、味わいましたのサ。冬眠中の熊のように私はうつらうつらとそれを反芻《はんすう》してすごしますのサ。
（『白いページⅢ』角川文庫）

語尾の「サ」に悔し紛《まぎ》れの気分がしみじみと表れています。

ダジャレの名手のお手並み

ミュージカルで人気がある劇団四季では、俳優にセリフの母音をはっきり発音するよう指導します。そうするとお腹から声が出て、言葉のきれがよくなり、明瞭に聞こえるようになるといいます。日本語の言葉は、みんな母音で終わります。母音を一つ一つしっかり発音することで、観客にセリフがよく届くようになります。

日本語の母音は「アイウエオ」の五つです。子音は数え方にもよりますが、一五と言われているそうです。一つの音節は、母音だけか子音と母音の組み合わせです。だから、「きゃ（ｋｙａ）」「きゅ（ｋｙｕ）」のような子音を重ねるものを含めて音節の数は、これも数え方はいろいろあるようですが、一二〇種類前後になるようです。子音で終わる言葉がある言語では、音節の種類は圧倒的に増えます。中国語は四〇〇、英語は数万にのぼるともいわれます。

音節の種類が少ないと何が起きるか。同じ発音で違う意味をもつものが現れる。つまり同音異義語が多くなるわけです。そして、近い音韻の言葉はさらに多くなります。それを利用したのが、いわゆるダジャレです。ダジャレを上手に使って、品を落とさない文章をつくる。そんな試みもしてみたいものです。

当代一のダジャレの名手で、その収集家でもあるのが放送作家の高田《たかだ》文夫《ふみお》さんです。高田さんが出会ったタレントや芸人さんの面白い言葉を集めた『ご笑納下さい　私だけが知っている金言・笑言・名言録』（新潮文庫）という本があります。そこからダジャレを拾ってみます。

「猫にごはん」。春風亭昇太さんが、よく色紙に書く言葉。

「一時がバンジージャンプ」。リアクション芸人の集合時間で、二時は熱湯風呂だったとか。

「むかうところ手品師」。高田文夫さんの創作で、生涯ベスト5に入る名作だといいます。

「長袖《ながそで》は今日も暑かった」。これも高田さんの作品。

「ジョニーがきたなら伝えてよ　二次会庄《しょう》やだと〜」。若き日の爆笑問題が、番組の中で言ったダジャレ。

高田さんの『TOKYO芸能帖』（講談社文庫）には、こんな話も出てきます。

「せんみつ湯原《ゆはら》のドット30」なんてのもやってました。（中略）

山口百恵　ビール瓶を持ってカメラ目線で歌う　〽これキリン　これキリン　もうこれっキリーンですか～ッ

すかさずせんだ　飛び蹴りで入ってきて、

せんだ　サッポロだよ！

なんと、あの伝説の百恵《ももえ》さんにダジャレを言わせていたのです。

コラムニストの先輩で、読売新聞の「編集手帳」を十数年書き続けた竹内政明《たけうちまさあき》さんは、高田文夫さんの「命あってのモノマネ」を、ダジャレの代表作として取り上げています

（『名文どろぼう』文春新書）。ものまねタレントで、高田さんの弟子にあたる松村邦洋さんが、心臓の病気で倒れる四年前の作だそうです。現実がダジャレに追いついてしまったかのような話です。

その竹内さんの作品で、ユーモアたっぷりな「編集手帳」を一つ紹介します（読売新聞二〇一六年五月三日付）。

国文学者の池田弥三郎さんに、夫人と一緒に東北の旅館に泊まった折の思い出話がある。散歩に出るとき、番頭さんが「じいさん、ばあさん、お出かけ」と大声で呼ばわった。戻ると今度は、「じいさん、ばあさん、お帰り」。

一度はともかく、二度は勘弁ならぬ。キミ、僕たちは確かに若くはないが、もっとほかに言い方があるんじゃないか！　問いただしたところ、〝じいさん、ばあさん〟は夫妻の部屋番号「十三番さん」であったという。

ほんのひと言で、その土地に生まれ育った人を懐かしい過去に呼び戻し、ゆきずりの旅人には土産ばなしを残してくれる。お国なまりは魔法の言葉だろう。（後略）

こういうコラムを書いてみたかったと思います。方言のありがたさを書いた作品ですが、こういう楽しい間違いが起きるのも日本語の音節の少なさのなせる業《わざ》かもしれません。「素粒子」ももっと遊びたかったんですが、題材が時事問題だと、どうしても硬くなってしまいます。言葉遊びに徹した「素粒子」をひとつ（二〇一七年四月二六日付）。

あっちの方だったから良かった、とは。被災者の心がわからぬ前復興相。自分は無事な「こっちの方」にいたつもり。

☆

「あっちの方」なら何をしてもいいいか。地元の反対をよそに平然と始まった辺野古の埋め立て。刮目《かつもく》して見るべし。

☆

こっちの方は「特例」と。

財務省幹部が森友学園との国有地取引で。「あっちの方」からの「神風」があるらしく。

今村雅弘《いまむらまさひろ》復興相が「まだ東北、あっちの方だったから良かった」という失言で辞任したときの作です。「あっちの方」を使い倒させていただきました。震災、沖縄、安倍官邸という三大時事問題の構造は、ずいぶん長く続いたものです。

遊んでみたつもりが、逆にずいぶんまじめな話になってしまったことがあります。証明が難しいのですが、憲法九条改正の前に、他の条文を変えてみるという「お試し改憲」という言葉は、私の「素粒子」が最初に使ったのだと思います（二〇一五年三月二七日付）。

「八紘一宇《はっこういちう》」も「我が軍」にしても。当の国会の反応の鈍さよ。このぶんではいずれお試し改憲も「まいっか」。

その後、新聞紙上や国会の議論で、ずいぶん使われるようになりました。本のタイトルにも使われています。私も実はもう一度使っています（二〇一五年五月八日付）。

> 一度はよいよい、二度目は怖い。「お試し改憲」の通りゃんせ。戦後70年のお祝いに9条の改正目指して参ります。

最初に使ったのは「素粒子」だ、と言わんばかりに「お試し改憲」に、一度目は使わなかったかぎかっこをつけています。

ユーモアで思い出しましたが、先に述べた数字の読み方に、別の方面からこだわっている人がいます。国際日本文化研究センター所長の井上章一《いのうえしょういち》さんです。

> 七五三という言葉を、私は「ひちごさん」と読む。「しちごさん」とは、まず言わない。私にとって、七は「ひち」であり、「しち」は不快にひびく。
> 七五三だけではない。七五調も「ひちごちょう」となる。七面鳥も「ひちめんちょ

う」だし、七福神だって「ひちふくじん」である。

（『京都ぎらい』あとがき　七は「ひち」である　朝日新書）

そして、かつて朝日新聞社から出した本の索引で、戦前の建築史の「七七禁令」を、意にかなわず、サ行に入れられてしまった経験を語ります。

この変更をうけいれるのは、たいへんつらかった。当時は、自分を悲劇の主人公ででもあるかのように、見たてたものである。ああ、私の信じる「ひち」は、国家権力の手先により、弾圧されたのだ、と。

さて、京都には七の字をふくむ地名が、いくつかある。七条、七本松、上七軒などである。それぞれ、地元の人々は「ひちじょう」「ひちほんまつ」「かみひちけん」とよぶ。七条に関しては、「ひっちょう」と言う古い世代も、いなくはない。（中略）

私は、本文中の69ページに上七軒という地名を、もちだしている。初校の校正刷では、そこに「かみしちけん」とルビがふられていた。東京で仕事をする校閲者は、やはり「しち」としてしか読まないようである。（中略）

朝日新聞出版が、どのような判断を下すのかは、まだわからない。このあとがきを読んでなお、「かみしちけん」を強要してくる可能性はある。その場合は、読みをしるさない上七軒のほうが、ずっとましである。上七軒《かみしちけん》とされるぐらいなら。

それでも、この本は、上七軒に「かみしちけん」というルビをそえる可能性がある。その時は、井上が七七禁令につづき、二度目の敗北を喫《きっ》したのだと、思ってほしい。

さて、この本の69ページを開いてみると、上七軒に「かみひちけん（マヽ）」とルビがふってあります。こういうユーモアは大好きです。

第三章　引き込まれる文章はどこが違うか

書き出しで五割が決まる

日記以外の文章は他人に読んでもらうために書くものです。仕事にかかわるものなど、読み手の側にどうしても読まないといけない理由があれば、どんな文章でもがまんして読み始めてくれるでしょう。そうでない場合は、読み手に読んでもらう工夫が必要です。まず興味を持ってもらう、読み始めてもらう、読み始めたら途中で止まらなくする。それこそが、文章を書く側の技量というものです。

なかでも、読み始めてもらわなければ何も始まらないことを考えれば、書き出しの重要性を強調しすぎることはありません。特に短い文章では、その成否の半分が書き出しで決まるといっても過言ではないでしょう。

先に説明した通り、新聞記事にもいろいろな種類があります。雑報といわれる、事実を伝えることを主にした記事は、あまり書き出しに工夫をしません。見出しを見て、必要だと思った人は、それでも読んでくれるからです。妙に凝って文章が長くなるより、簡潔なことが肝要とされます。

新人記者はまず、５Ｗ１Ｈの必要性をたたき込まれます。Ｗｈｅｎ（いつ）、Ｗｈｅｒ

e（どこで）、Ｗｈｏ（だれが）、Ｗｈａｔ（なにを）、Ｗｈｙ（なぜ）、Ｈｏｗ（どのように）という事実の要素が、文章のなるべく前の方に含まれていなければなりません。

重要なことはなるべく前の方に書く。これを逆三角形の文章とも言います。新聞は限られた紙面の中に、いろんな記事を詰め込みます。ある記事を大きく扱おうとすれば、別の記事は削らねばなりません。締め切りまでの時間で作業するには、後ろから削っていくのが、効率がいいのです。だから、後ろの方ほど重要性の低い情報が書かれているのです。

こういう雑報の文章は、どうしても事務的で無味乾燥なものになります。ある日の朝日新聞を開いてみると、こんな記事がありました。（二〇一二年五月一三日付）

厚生労働省は12日、今年2月の生活保護の利用申請が1万7424件で、前年同月から8・1％増えたと発表した。

第三社会面（裏から四ページ目）にあった「2月の生活保護申請8％増」という短行の記事の冒頭です。

この一文の中に「いつ（12日）」「だれが（厚生労働省が）」「なにを（生活保護の利用申請を）」「どのように（8・1％増えた）」と、すでに四つの要素が含まれています。その代わり、書き出しの工夫はありません。興味がある読者は読んでくれるので、なくていいのです。いまでは、この程度の記事はＡＩでも書けるかもしれません。

同じ日、同じ面の別の記事を見てみましょう。


一枚の写真がある。

４歳の夏。水色のテントの中でめがねをかけた男性のひざの上に乗り、不安げで不機嫌そうな顔をカメラに向けている。


明らかに違いますね。これは「子どもへの性暴力」という連載記事の五回目です。この面の半分ほどを占める長い記事です。それを読んでもらうために、まず読者をひきつけなくてはいけません。「いったいこれは何の話なんだろう」と、まず興味を持たせる。そのための工夫がみられます。

この冒頭を読んで、ある小説の書き出しを思い出しました。


私は、その男の写真を三葉、見たことがある。

一葉は、その男の、幼年時代、とでも言うべきであろうか、十歳前後かと推定されるころの写真であって、その子供が大勢の女のひとに取りかこまれ、（それは、その子供の姉たち、妹たち、それから、従姉妹《いとこ》たちかと想像される）庭園の池のほとりに、荒い縞《しま》の袴《はかま》をはいて立ち、首を三十度ほど左に傾け、醜く笑っている写真である。

太宰治《だざいおさむ》の『人間失格』（角川文庫）です。

どちらも写真を手掛かりに、幼いころの話を書き始める。そういう仕掛けになっています。

すこし話がそれますが、「写真」でもう一つ思い出しました。大ヒットした「ボヘミアン・ラプソディ」という映画の冒頭シーンです。ここでも、ある写真がたいへん重要な役割をしています。

ロックバンド「クイーン」のボーカルで、主人公のフレディ・マーキュリーがベッドで目を覚ますシーンから始まります。映画のラストシーンになるチャリティーコンサート、ライブ・エイドの朝です。起き上がり、上半身裸のままベッドわきに座ったところで、咳をします。すでにエイズを発症していることを示しています。

着替えて階段を下りた部屋の壁に、大きなモノクロの写真が飾ってあります。マレーネ・ディートリッヒです。両手であごを支えるようなポーズの有名な写真です。映画のタイトルでもあるシングル「ボヘミアン・ラプソディ」のジャケットで、クイーンのメンバーがこの写真のまねをしています。

ディートリッヒはドイツのベルリン生まれで、映画会社に誘われて米国に渡りました。歌手でもあった彼女は、「リリー・マルレーン」の大ヒットでも知られています。第二次大戦中、ドイツの兵士の間で流行したこの歌を、彼女は連合国軍向けにも歌いました。国境を超えた音楽の力を表すというところで、ライブ・エイドと同じ精神です。

そして何より、彼女はバイセクシャルの傾向があったと言われています。その点でフレディ・マーキュリーとつながり、この映画の重要なテーマが浮かび上がります。わずか一分ほどのこの冒頭シーンで、映画全体のいろんな展開が予感させられます。

実につくりこまれています。この写真に気づいた人には、わくわくする幕開けです。文章でも、こんな書き出しができれば、読み手をつかんで離さないことでしょう。

先にも触れた、尊敬するコラムニストの先輩、竹内政明さんは、書き出しの三原則として次の項目を挙げています。①短い　②年月日から入らない　③会話文から入らない、です。本当は「④地名・人名などの固有名詞が含まれない」も入れたいが、新聞コラムの原則なので除外する、と言っているので、一般には④も含めてもいいでしょう。
原則①は、先に挙げた連載記事も、『人間失格』もその通りです。②、③について彼はこう言っています。

年月日から書き出さないのは、年月日それ自体に読者の興味をひく要素がない上に、何よりも数字が読み手にとって煩わしいからでしょう。（中略）
会話文から入らないのは、書き出しの手法としていちばん安直だからかも知れません。
（『「編集手帳」の文章術』文春新書）

「Ｗｈｅｎ」から書き出すのは、先に述べた新聞の雑報、特に事件記事に多いパターンです。事実だけを簡潔に書くなら、それでいいのです。しかし、読み手を引き込むことは難しいでしょう。
会話文から書き出す記事は、新聞にかなり多く見られます。先の記事と同じ日の紙面で、こんな文章を見つけました。

「プロファイリングを用いた採用は規制が必要ではないか」。４月の参院内閣委員会で、共産党の田村智子氏が政府に問いかけた。

（ネット履歴で予測禁止は「あいまい」デジタル法の功罪　二〇二一年五月一三日付）

解説的な記事なので、これでいいのでしょう。ですが、これがもしコラムの書き出しだったら、私はこうします。

共産党の田村智子氏は政府に問いかけた。「プロファイリングを用いた採用は規制が必要ではないか」。4月の参院内閣委員会でのことである。

三項目に分かれている「素粒子」に書き出しなんて関係ないだろう。そう思われるかもしれません。しかし、けっこう苦労するのです。

こんな例をお見せします（二〇一七年七月二五日付）。

警戒せよ。某国の特殊攻撃か。日本中枢の多くの人の記憶が消されている。首相は腹心の友との会話も忘れたか。

☆

これは真夏の怪談。首相官邸を訪れた今治市の課長らに会った人がわからず。公邸にすむという幽霊のしわざか。

☆

〽ソレトトント。泉下の三波春夫さんも喜んでいよう。東京五輪音頭が復活。さて今回は国民が踊るのかどうか。

加計《かけ》学園の獣医学部認可に、「総理のご意向」があったのかどうかが問題になったころの作です。「警戒せよ」は一応、三原則にも当てはまってますよね。読者の興味を引いたら嬉《うれ》しいのですけど。

次は展開の意外性

秀逸な書き出しで読み手の心をつかんだら、もう決して離してはいけません。そのためにはどうするか。次々に興味をかきたてる話を繰りだして、文章の最後までお付き合いいただくのです。

先にも述べましたが、新聞の一面コラムには見出しがありません。見出しがあれば、読者は、この記事はこんなことが書いてあるんだろうな、という予測のもとに読み始めます。もともと関心があって読み始めたのであれば、最後まで読んでくれるでしょう。一面コラムはそうはいかないのです。

まずは、はっと振り向くような声かけをして、道行く読者の足を止めるのが先決です。「あれ、なんだろう」と、店の中に入ってもらいます。そして、「これはいかがですか」「これなんか、お客様にお似合いで」などと言いつつ、一番奥にある売りたい商品の棚まで、来てもらわねばなりません。さらにその品物を買ってもらって、できれば「この店、いい店だな」「入ってよかったな」と満足して、気持ちよく帰っていただく。そこまでできればコラム屋の本望というものです。

読者の心はきまぐれです。一面の小ぶりな囲みには目もくれず、さっさと他の面へ立ち去ってしまうかもしれません。首尾よく立ち止まってくれても、ちらっと眺めただけで、興味を示さないかもしれません。コラム屋の番頭は、揉《も》み手をしながら口八丁手八丁、手練手管を駆使して、客の心を引きつけ続けなくてはならないのです。各紙のコラム屋さんは日々、それぞれの接客技術を磨《みが》いているというわけです。

毎日新聞の「余録」で、その苦労の後を見てみましょう。段落の間の記号は「。」と改行に変えてあります。段落の冒頭に番号を入れました（二〇二一年四月二八日付）。

①熱い湯に「ぬるい、ぬるい」と競って入り、あまりの熱さに「口きくな」「動くな！」とそろってせっぱ詰まる江戸っ子である。そのやせ我慢《がまん》や意地っ張りは「強情灸《ごうじょうきゅう》」はじめ落語の笑いの源泉となってきた。

②明治の新作落語「意地くらべ」も、借金の貸手と借り手がそれぞれ勝手な理屈で意地を張り合うのがおもしろい。その中に出てくる「ネズミの懸賞」とは、当時の東京市が行ったペスト予防のためのネズミの買い上げのことだという。

③参考にさせてもらった「ｗｅｂ千字寄席」によれば、この施策もむなしく当時の東京ではペストの流行で３００人以上の死者が出たという。意地っ張りの落語にも

刻まれている江戸―東京の感染症とのたたかいの歴史の一こまである。

④「大衆娯楽である寄席は社会生活の維持に必要なものだ」。こう緊急事態宣言下の営業継続を表明した東京都内の寄席4軒と落語家の団体である。もちろん感染対策をとったうえで、芸人らの窮状を背景に投げた意地の一石だった。

⑤これには政府の担当相が再考を促すなど、批判の声が出たのも当然だろう。だがこの江戸っ子譲りの強情、落語ファンの支持ばかりか、政府のコロナ対策への不信や不満も取り込んで予想を超える応援の盛り上がりを見せたのである。

⑥日ごろ落語にお世話になっている小欄だが、今はやはり人出の抑制を求める専門家に従いステイホームをおすすめするしかない。ただ、いつか誰かがとびきりの人情《にんじょう》噺《ばなし》にするかもしれぬ令和の「強情寄席」だ。

「余録」は毎回、六つの段落（①～⑥）でできています。それぞれがどういう役割を果たしているか、見ていきましょう。

まず①では、江戸っ子の熱い湯好きから話を始めます。何の話が始まるのだろうと、読者を引きつけておいて、江戸っ子のやせ我慢や意地っ張りが、落語の題材になってきたことを述べます。ここで「強情灸」という演目を取り上げているのは、あとに続く伏線です。

②で落語の話を続け、「ネズミの懸賞」に話を振ります。ここで、感染症の話がでてきます。続けて③で、落語の話をいったん引き取り、「東京の感染症とのたたかいの歴史」に転換します。

④がこのコラムの本題です。都内の寄席が緊急事態宣言下でも営業継続を表明したことを取り上げます。⑤はその続きで、批判の声の一方で、寄席への応援が多かったと述べます。⑥では、寄席に同情しつつも、やはりステイホームしかない、と筆者の考えを述べています。そして、いつか「強情寄席」という人情話ができるかもしれない、と①の伏線を回収して終わります。

筆者が本当に言いたいことは、④から⑥にあります。しかし、いきなり「大衆娯楽である寄席は社会生活に必要なものだ」などと、小難しい話から始めても、読者はそっぽを向いて立ち去ってしまうかもしれません。そこであえて、銭湯での江戸っ子のやせ我慢の話から始めているのです。「ほう、このコラムは何を言おうとしているのかな」と読者が食いついてくれれば、こちらのもの。②、③と落語の話を続けながら、次第に感染症の話題に転換していきます。どうでしょうか。筆者の苦心が垣間《かいま》見えますね。

前にも言いましたが、私は大阪で生まれ育ちました。関東の人などからは、大阪人の会話は漫才みたいだ、と言われます。確かにそんなところがあるのでしょう。漫才的会話が成立するのは、いきなり本題から入らず、回り道を楽しんでいるからかもしれません。

たとえば、友だちが待ち合わせの時間に遅れてきたとします。その遅れてきた当人は、いきなりこんなことを言います。

「ちゃうねん」

大阪人はよくこんな言い方をします。なにが違うというのでしょう。この人は、「君は、ぼくが待ち合わせの時間を間違ったか、寝坊したかで、遅れたと思っているかもしれないが、実はそうではなく、いろいろ事情があったのだ。これから話すから聞いてくれ」と言いたいのです。

「ちゃうんねん」
「どないしてん」
「あんな、電車に乗ったらな。隣に座ってきたんが、えらい美人やねん」
「それで、見惚れてたんか」
「ちゃうんねん。その子が、見てたスマホを落としてん。それがこっちの方に転がってきてな。ぼくが拾たって、渡したげたんや」

「ほう、それで」

「どこで降りるの、って聞いたら、京橋や言うねん」

「なんとまあ」

「そんなら、ぼくと一緒やね。買い物？　って聞いたら、友だちと会うんやけど、まだちょっと早いの、って言いよるんや」

「ふうん」

「それで、時間あるんやったらお茶せえへん、って言うたらな。ええよって、へへへ」

「うまいことやりよって」

「そこで、目ぇ覚めた」

「あほ、要するに電車で居眠りしとったんやないか」


まあ、こんな具合でしょうか。「いやあ、電車で居眠りしちゃって」では、一言で済んでしまいます。

狙いがあっての回り道ならいいのですが、子どもの作文で、よく「朝起きて」「ご飯を食べて」「学校に行って」と、だらだらと話が続くものがあります。言いたいことがどこにあるのかわからない、要領を得ない文章の典型でしょう。

外山滋比古さんは『文章を書くこころ』（PHP文庫）の中で、こんなことを言っています。A、B、C、D、Eということを書こうとするとき、順に書いていくとじれったい語り口になる。Eから始めると、いきなり結論を述べることになる。映画のフラッシュバックの手法と同じで、自然の時間とは反対にまず、結果を示し、それから原因を明らかにする。先に紹介した「ボヘミアン・ラプソディ」がそうですね。

外山さんは、Cから始める、中途から始めることを推奨《すいしょう》しています。

ローマの文人ホラティウスは『詩学』の中で、「話はまん中から始めよ」(in mediasres)という有名なことばを残している。物語の叙述の方法として教えたものであろう。が、一般の文章を書くときにも参考になる。（中略）

ごく短い文章で表現しなくてはならないような場合には、結論から入るか、話の途中から始める。結論をはじめに出すのは、推理小説のような場合はともかく、一般の文章では、殺風景になりがちである。しばらく伏せておきたい。まん中から始めた方がふくらみがある。

どこから始めるにしても、文章は円を描くようなものである。まとまりが必要である。書き始めのところへもどってきて終ると、読むものも落着きを感じる。

この「文章は円を描くようなものである」というところがキモだと思います。先に紹介した「余録」も、ちゃんと最後が最初につながっていました。

どうやって「転」をつくるか

文章を書くときに「起承転結」を考えなさい、とよく言われます。それが不要だとは思いませんが、なんでもこの型に当てはめるのも、文章の幅をせばめることになると思っています。

起承転結とは、もともと漢詩、それも四句でつくられる「絶句」の手法です。起句で歌い起こし、承句でそれを受けて発展させる。転句で意表をつくように場面を転換し、結句で全体をしめつつ余韻を残す、という構成です。これを散文にも当てはめて、起承転結が強調されるようになってきました。

しかし散文の場合、先の外山さんの論を借りれば、Cから始めればCが「起」になります。とすればDが「承」になるかもしれません。するとAが「転」になってBが続き、Eで「結」ということになるのでしょう。Eから始めればEが「起」になって、また別の展開がありえます。

大事なのは「転」だと思っています。どういう順にしろ、「転」がない文章は平板になります。起承転転結でも、起転承転承結でもいいのです。どうやって「転」をつくるかは、文章を考えることそのもの、と言っていいぐらいです。そのために自分の記憶や知識を総動員し、頭の中で連想ゲームをするのです。そのあたりの発想法については、あとでまた述べます。

三題話の「素粒子」に起承転結なんてないだろう、と思っておられるかもしれません。しかし、この三つに分かれた文章を、なんとかつないで一つのまとまりにできないか、円を描けないか、と常に考えていました。うまくいくことは少なかったかもしれませんが。

一つの例を挙げておきます（二〇一六年一〇月一四日付）。


ギターを抱えて授賞式に出て欲しい。反骨のボブ・ディラン氏。時代の〈風に吹かれて〉殻を破ったノーベル賞。

☆

それなら次の可能性だってあるだろう。「風の歌を聴け」の村上春樹氏。やさしい言葉と大胆な比喩、大衆の支持。

☆

これほど民衆に支持された君主もない。プミポン国王という社会の軸を失ったタイ。じっとりと不安な風が吹く。

どうでしょうか。風が吹き抜けて、円環になっていませんか。

エピソードで語る

学術論文には必要がないかもしれませんが、随筆やエッセイ、あるいは新聞への投稿などにはエピソードが欠かせません。筆者が体験したこと、実際に見たこと聞いたことについては、文献で得た知識とはまた違って、語るほうも具体的に面白く語れるでしょう。それに読み手も興味を引かれるものです。

新聞記事では、場面を描くと言います。政治家同士のやりとりなどでよく見られる記事の書き方です。

小泉純一郎《こいずみじゅんいちろう》氏が首相のとき、郵政民営化を問うために衆院を解散しようとしました。同じ派閥の領袖《りょうしゅう》で前首相の森喜朗《もりよしろう》氏が、解散を思いとどまらせようと、首相公邸に乗り込みます。しかし説得は失敗し、出てきた森氏は記者団に「干からびたチーズと缶ビールしか出さなかった。はっきり言って、まあ、さじなげたな、俺も」と言いました。

その手にはチーズと、ひしゃげたビールの缶が握られていたといいます。郵政解散に突き進んだ政局の有名な場面です。チーズは実は高級品のミモレットで、ビールも外国産だったというのは後日談ですが、森氏は精いっぱい小泉氏の本気具合を訴えたのでしょう。各紙が、政局を詳報する記事に、エピソードとして使いました。

エピソードで語る、あるいはエピソードに語らせることは、文章を読みやすくし、読み手を引き込む重要な手段です。

次に挙げるのは日経新聞の「春秋」です。段落の記号は、読みやすいように改行に変えてあります（二〇二一年五月八日付）。

遊歩道の両側からサクラとケヤキの枝が宙に伸び、緑のトンネルをつくっていた。近くの運動公園である。抜け出ると1本の丈の高い木が目につく。小さな楕円の葉が揺れ、白い房状の花が静かに舞っていた。ニセアカシアだという。掲示板が、こんな解説をしていた。

いわく「石原裕次郎の『赤いハンカチ』の冒頭や西田佐知子の曲、最近ではレミオロメンの『アカシア』も、この木のことです」。繁殖しやすく、街路樹に活用されるうち、本家のお株を奪ってしまったのだろう。確かに見上げると幹や枝ぶりは力強い。花の造形や芳香も相まって、この時期を象徴する木の一つとなった。

「万緑の中や吾子《あこ》の歯生え初むる」（中村草田男）。1年で最も生気に満ちた季節のはずだが、世を覆う重苦しさが去らない。新型コロナウイルス対策をめぐり、4都府県への緊急事態宣言が31日まで延長され、2県が追加されることになった。一般の人々や飲食業界などへの種々の要請は、さらに続くことになるわけだ。

一方で「医療体制の再構築」といった議論はどれだけ進展したのだろう。コロナの流行から1年以上たち、いまだ「入院先が決まらない」との悲痛な声を聞くとは。難題を先送りして、やすきに流れているように思えてしまう。古い歌の文句ではないが、アカシアの雨がやめば、ほどなく麦秋だ。確かな実りを期待したい。

近所を散歩した話から始まっています。季節感のある文章です。次に、ニセアカシアの掲示板を読みながら、改めて木を見上げています。

三段落目に中村草田男《なかむらくさたお》の句を引いていますが、これはコラム屋のよくやる手法です。一句を持ってくるだけで、その句の世界観が一つのエピソード代わりになります。さらに場面を転じる効果もあります。

短い文章に変化をつけるには、いい手なのです。そして、コロナ禍の緊急事態宣言という本題に入り、最後は「アカシアの雨がやめば、ほどなく麦秋だ」と、文章の円環を意識して終わります。

緊急事態宣言の延長という重苦しい主題なのですが、前半のエピソードの季節感で救われています。

アーネスト・ヘミングウェイは行動する作家でした。若いころ志願して第一次大戦に従軍します。イタリア戦線の赤十字の一員として、瀕死《ひんし》の重傷を負いました。新聞記者をしながら創作も始め、パリに移住します。アフリカで狩猟をし、フロリダやキューバに住んで大魚と格闘しました。

その小説は、体験しなければ書けないようなエピソードにあふれています。

「おれたちは、とことんまで、この戦争を戦いぬかなければならぬと思う」と私は言った。「一方だけが戦うのをやめたところで、この戦争は終わりにならぬ。おれたちが戦うのをやめたら、形勢は一層悪化するだけだろう」

「これ以上悪くなろうたって、なりようがありませんよ」とパッシーニが勿体《もったい》ぶった口調で言った。「戦争以上に悪いことなんてありはしません」

「敗戦はもっと悪い」

「そんなことはありません」あいかわらずパッシーニは勿体ぶった口調だった。「敗戦がなんですか。故郷に帰れるではありませんか」

（『武器よさらば』高見浩《たかみひろし》訳　新潮文庫）

こんな会話も、前線での経験がなければ出てこないでしょう。

私は以前、特派員としてアジアの国に駐在していました。そのころに書くのが好きだったのはルポ記事です。一般の人が容易に行けないようなニュースの現場に行って、そこの状況をあるがままに書く。そういう記事です。

米国同時多発テロ事件の後、米国がアフガニスタンのタリバーン政権を攻撃しました。そのころ私はアフガニスタンのタリバーン支配地域に入ったことがあります。そのときのルポ記事を紹介します。見出しは「食糧配給待ち…20日間」「アフガン南部　避難民に援助届かず」です。

【スピンボルダック（アフガニスタン・カンダハル州）21日＝真田正明】アフガニスタン南部のタリバーン勢力支配地域内には、米軍の空爆を避けてカンダハル州やウルズガン州方面から脱出してきた避難民の大規模なキャンプが2地区にあり、計約3万人が住んでいる。このうち、当地近くで11月初めにできた新しいキャンプを20日訪れた。約8千人の難民は20日間、食糧を受け取っておらず、口々に支援を訴えていた。

キャンプはカンダハルからパキスタン国境に向かう道路わきの砂漠の中にある。真っ青な空と砂以外何もないところに、見渡す限りのテントが並ぶ。テントなどはアラブ首長国連邦（ＵＡＥ）の財団が寄付した。国際援助団体や非政府組織（ＮＧＯ）の援助は届いていない。

強い風が一日中吹いているため、難民はほとんどテントにこもって生活している。

ほとんどが最近、反タリバーン勢力が迫るカンダハル市方面から逃げてきた人々だ。

スルツンさん（60）とパティマティエさん（55）の夫妻はテントすらない。四隅に棒を立てて毛布を張って3畳ほどの広さのなかで子ども10人と暮らしている。「毎日空爆があって、とても恐ろしくて眠ることもできなかった。もう戻る気にはなれない」

食糧は20日前にキャンプができたときに、小麦粉を20キロもらった。

4日前にカンダハル近郊から来たばかりのハレマトラさん（25）は「近くに副知事の家があるので、毎夜空爆にあった。それもどんどん激しくなるので、逃げることにした」と話す。

キャンプの入り口にはＵＡＥの財団がつくった病院のテントがあった。そこの担当者は「ここには１５０人の病人がいて毎日薬を取りにくる」という。医者は常駐していない。小さなテントの戸棚にある薬も決して豊富とは言えなかった。

国境へ向かう道路わきには最近逃げてきたばかりの人々が数十人、キャンプにさえ入れず、なすすべもなく座っていた。


（朝日新聞二〇〇一年一　月二二日付）

見たまま、聞いたままをそのまま書いた文章です。「大変だ」とも言っていないし、「声を震わした」「顔を曇らせた」などという常套句《じょうとうく》も、極力避けています。

いまでも私は、砂を巻き上げる強風の中、毛布を体に巻いて道路わきに座っていた人々の姿を思い出します。夜になると風がやんで、空いっぱいに星が見えました。乾燥した土地の夜空は美しいものです。そんな風にいろんな土地に行って文章を書くことが、私は好きでした。

情報や資料を生かすには

一方、「編集手帳」の竹内政明さんは、いわば書斎派です。

新聞社に籍を置いて三十年、しゃれた言葉や気の利いた言い回し、味のある文章を、半分は仕事の必要から、半分は道楽で採集してきた。

（『名文どろぼう』文春新書）

彼は、気に入った言葉や文章があるとコピーして、バインダーにとじ込むそうです。そのバインダーが二〇一三年時点で三〇〇冊以上あったといいます。バインダーに閉じこむときに、テーマ別の索引カードもつくるそうで、そのカードが何種類あるのかは見当がつかないといいます。それとは別に、本などで見つけ、気に入った表現を書きとめたノートもあったそうです。

彼はその膨大な資料に囲まれて仕事をしていました。コラムを書くときは、それを自在に引っ張り出して、読み手の興味をそらさない文章を紡いだのでした。

世の中にはもっとすごい人がいます。東京・お台場の日本科学未来館で「ウメサオタダオ展」を観たことがあります。『文明の生態史観』や『知的生産の技術』を著し、国立民族学博物館の初代館長を務めた梅棹忠夫《うめさおただお》さんの回顧展です。世界中のフィールドワークで集めた膨大な資料が展示されていました。

圧巻だったのは、研究室を再現するように、たくさんの引き出しに収められたカードやメモ、スケッチ類でした。ほとんどは手書きです。梅棹さんの知的生産方法の一端を知りました。

梅棹さんは、民族学博物館の館長を務めているときに失明しました。過去の研究成果をまとめて著作集を出そうという矢先のことでした。

著作集はなんとかしなければならないとおもっていたのだが、盲目の身にはなんともならない。このまま目がみえるようにならなければ、「梅棹忠夫著作集」はついに日の目をみることはないであろう。わたしはそれがくやしかった。せっかく企画をたて準備をすすめていたものが、挫折《ざせつ》するのか。わたしのような人生をえらんだ人間にとっては、著作こそは、わが命である。著作こそは、わが生のあかしである。わたしが死んでも、わたしがきえてしまっても、著作集をのこすことができれば、それでよいとおもう。著作集をのこすことができるとは、なんというしあわせなことであろうか。わたしはさいわいにもその実現にむかって、着実にあゆみはじめていたのである。それが突然の視力喪失である。目がみえないのでは、著作集どころではない。

（『夜はまだあけぬか』講談社文庫）

それでも梅棹さんは気を取り直して、館長職に復帰しました。整理してあったカード類をもとに、他の研究者の助けも借りて、口述筆記で全二三巻の著作集を完成させたのです。竹内さんや、ましてや梅棹さんの情報整理術は、私にはまねができません。読者の多くもそうでしょう。ですから、まず自分の体験を振り返って、エピソードを探してみることをお薦めします。

第四章　表現を豊かにする言葉の選び方

予測変換は常套句の泥沼

パソコンやスマホで文章を書いていると、ワープロソフトが先回りして「あなたが書きたいのはこれですか」と、言葉や文章を示してくれます。「あり」まで書くと「ありがとう」「ありがたいです」「ありません」「ありがとうございます」「ありがとうございました」などと出てきます。予測変換機能です。まったく便利になったものです。

実用的な文章を書くときなら、そこから選んで綴《つづ》っていけば効率的です。ただし、自分の気持ちや言いたいことを表す文章を書くときには、そういう機能に頼ってばかりでは、文章は常套句《じょうとうく》であふれ、単調で味わいのないものになりがちです。言葉は自分で選ぶ、自分の頭から絞り出す。そういう習慣を身につけたいものです。

新聞は、実は常套句の展示場のようなものです。一般の新聞記事は、その日その日に、定められた締め切り時間までに仕上げないといけないので、どうしても決まりきった表現に頼りがちになります。

たとえば、大きな事案を受けて、人や街の様子などを取材する社会面の記事にその傾向が見られます。何かの事象があってから取材に動き出すので、時間の制約はより厳しくなります。その分、常套句が登場する場面が多くなりがちです。

東日本大震災のあと、やたら目につくようになったのは「前を向く」です。震災にもめげず、新たな生活に踏み出す被災者の様子を表現したものです。「前を向いていきたい」と、被災者本人が話す分にはいいのです。ですが、書き手側が描写するときに、あまりに多く見かけると「みんながみんな、前を向いているの？」「前ってどっち？」とツッコミを入れたくなります。近ごろは、スポーツ面あたりにも進出してきているようです。

「絆」もそうです。私も当初、「素粒子」で使ったことがありますが、あまりにもみんなが使うので、あるときからいっさい使わないことにしました。いい言葉なのだけど、手垢《てあか》がついたような感じがして、使うと文章に何かの匂いが染みつくような気がするのです。

ほかにも、昔から多用される表現がいくつもあります。たとえば、「声を落とす」「顔を曇らせる」「唇をかむ」。これらは、厳しい状況にある人を描写するときに使います。ただ、「……と言った」では味気ないので「……と声を落とした」とするわけです。

逆に喜んでいる人の表現としては、「目を輝かせる」「胸を張る」「喜びを爆発させる」などがあります。

なぜ常套句を使ってはいけないのでしょうか。それは、そういう言葉を使った瞬間に自分の観察眼と表現力を放棄したことになるからです。せっかくの自分の文章を、ありきたりのものにおとしめ、つまらないものにします。

目の前にいる人は、本当に「声を落とした」のでしょうか。目はどのように「輝いた」のでしょうか。その人の動作、表情を書き手がどうとらえ、それを自分の言葉でどう表現するか、そこにこそ文章表現の妙味があります。

よく見かける気になる言葉たち

もう少し、気になる言葉を続けましょう。

「癒《いや》し」。これも震災以降、あちこちで見かけます。ところが、広辞苑（第七版）を開くと「卑《いや》し・賤《いや》し」しか出てきません。動詞の「癒す」はあっても、名詞の「癒し」はありません。どうやら最近生まれた使い方なのかもしれません。

新明解国語辞典（第七版）には「癒し」があって、「精神的な不安やいらだちなどをしずめて、平安な気分にさせること。ヒーリング。『―の音楽』」とあります。このところの使われ方は、そこからも少しずれてきて、もっと広く頻繁に使われている気がします。

「毅然《きぜん》と」も使いたくない言葉の一つです。特に政治の場で、中国や北朝鮮への対応について、やたら使われるようになりました。本当にこの言葉の意味を知って使っているのか、深く考えて言葉を選んでいるのか、怪しいものです。

とりあえずこの言葉を使っておけば、何かしっかり対処しているかのように見える。一種の思考停止を表しているようにさえ思えます。政治家がこの言葉を使ったときには、眉《まゆ》につばをつけて居住まいを正し、間違ってもそのまま使わないようにしています。

「……する私がいた」。不思議な表現です。なぜ「私は……した」と言わないのでしょうか。幽体離脱しているみたいです。自分の体から抜け出した魂が、第三者のように自分の行為を見つめている。そんな情景が浮かびます。

自分であって自分でない。そこにいた自分は、いまの自分とは別物であって、その行為はいまの自分とは関係ない。そんな心理が働いているのかもしれません。

「なにげに」。すでに蔓延《まんえん》してしまった感がありますが、広辞苑は「『何気無く』『何気無しに』というところを、一九八〇年代から誤って使われ始めた形」としています。形容詞の「何気ない」に「に」をくっつけて副詞にしてしまったのでしょう。

「なにげに面白い」といった場合、面白いのか、そうでもないのか、よくわかりません。なぜわざわざぼかす必要があるのか。誤用も時がたつと定着してしまうのかもしれませんが、いまのところ私は使いません。

「よさげ」。これもすでに広辞苑に載っています。「（形容詞『よい』の名詞形に接尾辞

『げ』のついた俗語）よさそうであること。よいように思えること」とあります。「よい」と言い切ってしまうことにためらいがあって、曖昧《あいまい》にしているような表現です。

それにしても、なぜこんなに自分の立場をぼやかす表現が流行《はや》るのでしょうか。自分の言葉の責任を取りたくないと、人々が防衛的になっているように思います。言い切ることに不安を感じる、というのは、みんながすくんでしまっているような、この時代の気分なのかもしれません。

「ほぼほぼ」。三省堂の「辞書を編む人が選ぶ『今年の新語２０１６』」の大賞に選ばれました。なぜ「ほぼ」を繰り返すのでしょう。授賞の発表文にこうあります。「『ほぼ』よりも話者自身の観点や期待がこもるぶん、話しているほうでは度合いを高めているつもりでも、受けとるほうからは不安に思われる場合もある」。その通りでしょう。

「ほぼ」はしょせん「ほぼ」なので、繰り返したところで、意味が強まるわけがありません。曖昧の二乗みたいなものです。０・８を二乗すれば０・６４になって、かえって弱くなってしまいます。「おおむねおおむね」「ほとんどほとんど」。言い換えてみれば、意味のない強調であることが、よくわかります。

「急いで付け加えれば」。論文や評論によく見られます。「その論点にはここが足りない」「こういう見方もある」という反論が予想されるときに、「いやいや、その点も承知しております」といって書き加えるときに使います。

自論の弱点を自覚しているなら、そのまま書けばいいのであって、不要な場合が多い気がします。なんだか気取った感じもします。

もはや定着してしまった感もありますが、やはり気になるのが「やばい」です。もともとは不都合だったり、危険だったりするときに使う言葉ですが、いまや、いいときにも悪いときにも、なんにでも使える便利な言葉になってしまいました。

新明解国語辞典は「最近の若者の間では『こんなうまいものは初めて食った。やばいね』などと一種の感動詞のように使われる傾向がある」と、流行を認めています。しかし、なんにでも使えるということは、何も言っていないに等しいのです。間違っても使うとやばいです。

使うまい、と思っている言葉はまだまだあります。

「言葉を失う」「言葉もない」「言葉が出ない」などです。大きな事件、事故、災害などが起きたときによく使われます。現場の人が思いを聞かれて、こういう言葉を使うのはもちろん構いません。ですが、文章を書く人間がこれを使うのは、表現の放棄、敗北だと考えています。

思えば二〇一一年の三月一一日、東日本大震災が起きたあと、津波被害にしろ、原発事故にしろ「言葉を失う」ような状況が続きました。それでも「素粒子」は書き続けないといけません。ふだんのように皮肉を言ったり、冗談めかしたり、ダジャレを言ったりすることははばかられます。もちろん被災者や現場で対応している人たちと比べるわけにはいきませんが、この時期は一介のコラム屋にとっても、とてもつらい日々でした。

とはいえ、「言葉を失う」わけにはいきません。毎日、悲痛なニュースを見ながら、何かの言葉を絞り出していたことを思い出します。


自分が使うことはありえないけど、聞くだけで耳障《みみざわ》りだという言葉もあります。官僚が国会答弁などでよく使う「ございます」です。

「ここに示してございます」「承知してございます」「その書類はすでに処分してございます」など、なんにでも「ございます」をつければ丁寧になると思っているのでしょうか。慇懃《いんぎん》無礼《ぶれい》の典型みたいなものです。「示しております」「承知しております」「すでに処分しております」で十分ではないですか。この「ございます」を聞いていると、逆に馬鹿にされているような気分になります。

「ございます」は「ある」の丁寧《ていねい》な表現ですから、「ここにございます」は正しい使い方です。どんな場合でも「います」の上に「ござ」をつければいいというものではないと思うのですが。

似たような敬語で、一般にもよく使われるのが「……させていただきます」です。「本日、司会を務めさせていただきます」「資料を配布させていただきます」「説明をさせていただきます」「ゲストをご紹介させていただきます」などと、会議や会合の場は「……させていただきます」の嵐です。

「……させていただく」は、誰かの許可を得て行動するときに使います。「写真を撮らせていただきます」や「こんな会社、辞めさせていただきます」は正しい使い方でしょう。

嫌いな言葉についての文句は、まだまだ言わせていただきます。うむ、これは正しいのかな。

便利でも使いたくない「的」

気になる言葉を挙げていけば、きりがないのですが、「……的」という言葉も使いたくないものの一つです。「本格的」「記録的」「論理的」「現実的」など、名詞にくっつければいくらでも「～のような」という表現ができてしまう便利な言葉です。

広辞苑には「その性質を帯びる、その状態をなす」とあります。便利なだけに、これを使ったとたんに表現の努力を放棄してしまったような気がするのです。

新明解国語辞典によると、「的」は「『の』の意で用いられる宋《そう》、元《げん》の俗語を、後に英語の―ticの訳語として拡充したものという」のだそうです。どうりで翻訳っぽい言い回しですね。できれば言い換えたいものです。「本格的」は「堂々たる」、「記録的」は「記録にとどめるべき」、「論理的」は「筋道に納得がいく」、「現実的」は「現実に即して」などと言えるのではないでしょうか。

新明解国語辞典による「的」の解説には続きがあります。「一般に『漢語＋的』の形で用いられるが、近年、『わたし的には賛成できない』『気持ち的には理解できる』などと、和語と結びつける例がまま見受けられるが、規範的な立場からは容認されていない」のだそうです。

規範的には容認されていない、とは言っても、この言い回しはどんどん増えているような気がします。特に「わたし的には」です。これも「わたしは」と主語を明確にせず、言葉の責任を曖昧にしている語感があります。「……する私がいた」のような、幽体離脱した表現にも思えます。

これについては、高田文夫さんが自分の発明だと言っています。

「私は」と言うところを少しクセと仰々しさを持たせて「私的《わたしてき》には」と言う。実はこれ、一番最初に発明し、使用したのは25年位前の私である。「タカダ的には談志派だけど、お前的には志ん朝派なんだろ」などと言った。ラジオで毎日、日常語のように使用すると勝手に広まっていく。著作権もなんにもない世界だから何も言えないのだが、事の真偽は私のラジオの古いリスナーが一番よく知っている。

（『ご笑納下さい　私だけが知っている金言・笑言・名言録』新潮文庫）

似たような言葉で、会議の場でよく耳にするのが「個人的には」です。意見を言う前に、枕詞のように使う人がいます。意見というものは、そもそも個人的なものです。わざわざ「個人的には」と断る必要はないのです。「みなさんの意見とは違うかもしれませんが」という意味でしょうか。あるいは「個人的な意見なので、採用してもらわなくてもいいのですが」と遠慮しているのでしょうか。

そもそも「みなさんの意見」が一通りであるわけもないし、個人の意見を交わすのが議論というものでしょう。これを聞くと、「この人は自信がないのかな」「あらかじめ逃げをうっているのかな」と思ってしまいます。自分の意見が採用されても、その責任は取りたくない、という風にも聞こえます。私自身は、絶対に使わないでおこうと考えている言葉です。

「思う」の使いすぎ？

メールを書いているときに、こんなことはありませんか。


夏の日差しが肌を射るような季節になりました。

お変わりありませんか？

来月、お邪魔したいと思っていたのですが、義理の母の調子が悪く、しばらく大阪に帰らないといけなくなりました。

久しぶりに旧交を温めたいと思っていたのに残念です。

改めて予定をあわせたいと思いますが、よろしいでしょうか。

次回こそ、実現できればと思います。


思いつくままに書いているうちに「思う」だらけになってしまいました。全部排除できます。「お邪魔したかったのですが」「旧交を温《あたた》めたかったのですが」「予定をあわせたいのですが」「実現できれば嬉《うれ》しいです」と、すればいいのです。

急いで書いていると、使いすぎる言葉はまだありそうです。書いてから、もう一度読み返せば、気づくはずです。

「思う」については、「考える」と比較して、国語学者の大野晋さんが卓抜な分析をされているので紹介します。

似たような言葉には、意味の重なる部分と重ならない部分があります。重ならない微妙な部分を、言葉のニュアンスといいます。「思う」と「考える」についても、そうです。「私はこうしようと思った」「こうしようと考えた」の場合は、どちらでも使えます。しかし、「思い知らせる」「思いとどまる」「思い浮かべる」「思いおこす」などは、「思い」を「考え」に置き換えることはできません。なぜでしょうか。

「思い知らせる」とは、自分の心の中にある一つの気持、恨《うら》みとか悪い感情を相手に分からせることです。長い間、自分の心の中に抱いている恨みを相手に知らせるのが「思い知らせる」。

「思いとどまる」とは、自分の胸の中にあって突っ走ろうとする一つのことを抑えること。

「思い浮かべる」「思いおこす」の「思い」も同じことです。

つまり「思い」とは、胸の中にある一つのことをいいます。これに対して「考える」とは、あれかこれか、ああするか、こうするかと、いくつかの材料を心の中で比べたり、組み立てたりすることです。

つまり、「思う」とは、一つのイメージが心の中にできあがっていて、それ一つが変わらずにあること。胸の中の二つあるいは三つを比較して、これかあれか、こうしてああしてと選択し構成するのが「考える」。

(『日本語練習帳』岩波新書)

いかがでしょう。この本ではほかに、「うれしい」と「よろこばしい」、「大丈夫」と「しっかり」、「通る」と「通じる」、「最良の」と「最善の」、「意味」と「意義」などについて、そのニュアンスの違いを考察しています。言葉についてもっと敏感にならねば、と改めて思います。

ソムリエに学ぶ

さて先に述べたような常套句を排除したとして、どう言葉を選び、表現するのでしょう。それは自分の頭と体から絞り出すしかありません。五感を最大限に使うのです。見たもの、聞いたこと、その匂い、味、触感。それらを言葉にする修練を積むことです。

五感と言葉の回路をきたえ、言葉のストックを豊富にする。日々のそうした積み重ねが、語彙《ごい》を増やし、表現力を向上させます。

常にその訓練をしているのが、ワインのソムリエです。客にワインを薦めるときに、ただ「このワインはおいしいです」では話になりません。客の好みを聞いて、その日の料理を勘案し、予算も頭に置いて、このワインはどんなワインなのか、どうおいしいのか、なぜ今日の料理に合うのか、説明しなくてはいけません。

味の微妙なニュアンスの違いを、言葉のニュアンスの違いに置き換えるのです。このワインがあなたにとって、今日のベストの一本であると、客を納得させねばならないのです。客がわからない言葉を並べてもいけません。それではソムリエの独りよがりになります。多くの言葉の中から、その客が理解できる言葉を選んで説明する気遣いも必要です。

世界的なソムリエの田崎真也《たさきしんや》さんは「たとえば、あるワインに感じたことを一〇〇の単語で表現し、記憶しておけば、お客様がこれまで飲んできたワインの経験や知識、好みの違いに応じて、二〇から三〇の単語を使い分けて適切に説明することができます」と言っています（『言葉にして伝える技術』祥伝社新書）。

田崎さんは一年に一万種類以上のワインを試飲するそうです。それらのワインを記憶するために、まず外観を視覚で観察します。色合いの微妙な違いを宝石の色などにたとえます。アルコールの度合いを知るために粘着性を見て、液体の澄み具合も言葉にします。香りは嗅覚で感じたものを果物、花、スパイス、ハーブ、木、土などに置き換えます。

味わいには味覚や触覚を使い、甘味、酸味、塩味、苦味、旨味《うまみ》のバランスを感じとり、タンニンの渋みなどもみます。発泡性ワインの泡の刺激は、口の中の触覚でとらえ、聴覚で泡の音を聞くこともあるといいます。そうして五感を総動員して、ワインの特徴を言葉にしていくのです。

田崎さんの頭の中では、数多くのワインの味や香りがあらかじめ言語化され、整理されて膨大なファイルになっているといいます。彼は新しいワインをテイスティングすると、そのファイルの中から似たような味、香りの記憶を引き出し、すでに言語化されている表現を使います。ただの「おいしい」ではない、多くの言葉があらかじめ用意されているのです。

彼の話を読むと、テレビで見かけるグルメレポーターのほとんどは、「おいしい」を正しく伝えていないことに気づかされます。

たとえば、「こんがりきつね色」は料理の見た目を言っているだけにすぎません。風味は伝えていないのです。色がおいしさを保証するわけではありません。

「肉汁がじゅわっと広がる」も肉を切ったときの様子を言っているだけです。まずい肉汁でも「じゅわっと広がる」ことはあるでしょう。大事なことは肉汁のおいしさを伝えることです。

ほかにも「バターをぜいたくに使った」「プリプリした」「ほっこりした」「まったりした」「こくがあって、あっさりしている」。こうした表現に、田崎さんはダメ出しをしています。

また「手作りだから」「厳選した素材を使っているから」「地元の素材を使うから」「産地名が明示されているから」「国産だから」「秘伝のタレを使っている」なども、そうしたものはおいしいに違いない、という先入観を語っているだけで、直接おいしさに結びついているわけではありません。味を伝えるということの難しさがわかります。

どうしてソムリエが味を伝えられるのか。田崎さんはこう言っています（前掲書）。

なぜソムリエが、ワインの色、香り、味わいを言葉にして表現するかというと、自分自身が感じたことを言葉に置き換えることで、そのワインの特徴を記憶するためです。自分の感覚でとらえたことを言葉にすることで、記憶に刻むツールとしていると

いうことです。（中略）

ワインをテイスティングし、それらの香りや味わいを克明に記憶することができるとすれば、わざわざ複数のワインを開けることなく、頭のなかで過去味わったすべてのワインと比較することができます。その結果、一本のワインを味わいながら、「このワインは、テロワール（あるいは品種）の個性がはっきりとしている」とか、「このワインの質からすると、この仕入れ値は安い（高い）」などの位置づけができます。この価値判断ができるということは、ソムリエの職業において非常に重要なことです。

ワインを表現する言葉は、数多くあるといいます。たとえば、白ワインに使う言葉で、果実に関するものだけでも、ライム、レモン、グレープフルーツ、キンカン、オレンジ、青リンゴ、黄リンゴ、カリン、洋ナシ、白桃、黄桃、アンズ、パイナップル、パッションフルーツ、マンゴー、バナナ、ライチ、グアヴァ、イチジク、ナツメヤシ、とこれだけあります。

さらに花の香り、ハーブ系の香り、スパイスの香り、乳製品系の香り、熟成による香り、その他の香り、それぞれに多くの単語が控えています。なかには「猫のおしっこ」などという表現もあるそうです。

人間の脳は、空間や音楽を認識する右脳と、言語や文字を処理する左脳に、大きく分かれます。嗅覚や味覚も右脳が担当します。田崎さんが、ワインの香りを嗅いでいるときの脳波を測ったところ、右脳はほとんど働かず、左脳が活発に活動していることがわかりました。

香りのデータは左脳に直行し、田崎さんの頭の中ですでに言語化された表現によって分析されるのです。そのために田崎さんの脳には、膨大な香りや味のデータが言葉として蓄積されています。

では、五感を働かせて左脳の言語中枢《ちゅうすう》を動作させるにはどうすればいいか。

田崎さんが一つの提案をしています。「湖トレーニング」と言います。どこかの湖を訪れたとして、「きれいな湖」というありきたりの言葉でなく、五感を使って表現する訓練をするのです。

【視覚】湖畔《こはん》を見渡すと景色にはどんなものがあるか。湖面に映るものは何か。
【聴覚】鳥のさえずりや風の音など、耳に入ってくる音を聴いてみる。
【嗅覚】花や植物、土や空気など、それぞれがどんな香りを放っているのか。

【触感】肌に触れる水や風の感触。周囲に生える木々や湖畔の砂利《じゃり》に触れてみる。
【味覚】湖に生息する魚や、近くの山々に育つ山菜やキノコなど、その土地のものはどんな味なのか。

この訓練は応用が利きます。湖でなくてもいいので、海岸に行ったとき、山奥の村を訪ねたとき、などいろいろな場面を想定して、頭にその場を描いて、言葉を探していくのです。

実際、私も現場で似たようなことをしていました。ルポ記事を書くときには、その場所を表現するのに、五感を総動員します。

内戦が尾を引くカンボジアの前線に行ったときのことです。まず焼け落ちた村の家々が見えます。ヤシの木さえ焼けています。遠くでまだ砲声が響いています。焦《こ》げた樹木の臭いや、硝煙《しょうえん》の臭いも漂っていました。空気は湿度が高く、汗ばんだ肌にまとわりつきます。

そうですね。味覚だけは、残念ながら働かせようがなかったかもしれません。あえていえば、帰り路に田舎の食堂で飲んだ、生温《なまあたた》かく気の抜けたビールの記憶が、鮮明に残っていますが。

頭の引き出しに語彙を蓄える

短い文章の中に何度も同じ言葉が出てくると、それだけで文章の拙《つたな》さを露呈してしまいます。同じことを言うにしても、言い換える言葉はないだろうか、そう考えることが文章の上達の一つの秘訣です。

表現力豊かな文章をつくるには、語彙の選択肢をたくさん持っていなくてはいけません。もちろん辞書を引いたっていいのですが、まず自分の頭の引き出しから出すことが先決です。何かのとっかかりがなければ、辞書を引くこともできないのですから。

言葉は、同じ言語を話す人々の歴史的な蓄積です。日本語の場合、縄文時代からあったやまとことばに、弥生時代以降に大陸から入ってきた漢語が加わりました。安土桃山時代にポルトガルから入った言葉や、近代になって英語から取り入れた言葉もあります。

明治前後に、西洋の言葉を漢語のように翻訳した言葉もたくさんあります。「憲法」「自由」「哲学」「衛生」などは、そんな言葉です。「ＬＯＶＥ」を翻訳した「愛」を口にすると何となく気恥ずかしいのは、まだ日本人の身についていないからかもしれません。そして、明治以降の近代化の中で、言文一致（議論はありますが）の、いまの日本語ができあがりました。

日本語を話し、書くということは、そういう歴史の一端を背負っていくことでもあります。

自分が使える言葉の数がどのくらいあるか、調べる方法があるでしょうか。NTTコミュニケーション科学基礎研究所が「令和版語彙数推定テスト」をネットで公開しています。五〇の単語が並んでいて、知っているものをチェックしていくと、最後に「あなたの推定語彙数は」と数字が出ます。テストは三種類用意されていますが、その一つはこんなものです。

○翌日○残業○ギャップ○身動き○思い切る○自前○モード○時折○あべこべ○別物○微弱○非凡○食らわす○評議○抜き足○打ち捨てる○逐一○吹き返す○力業○祭具○音韻○進物○魚粉○移築○観世音○行政整理○秘匿○鉄面皮○華氏温度計○倍音○来臨○モダニズム○裏白○育種○在野○無明○弁膜○忍冬○火口原○払暁○出陣○停頓○漫録○絵羽模様○先相先○愛他主義○運否天賦○トリウム○慈悲心鳥○唱門師

私は、忍冬、先相先、慈悲心鳥がわかりませんでした。忍冬は植物のスイカズラ、先相先は囲碁の用語、慈悲心鳥はジュウイチという鳥の別称だそうです。

解説によると、これまでのデータでは、小学六年生で一万三〇〇〇語～四万五〇〇〇語、中高生は一万七〇〇〇語～六万四〇〇〇語、二〇代で四万九〇〇〇語～七万六〇〇〇語、三〇代で五万四〇〇〇語～八万七〇〇〇語、四〇代で五万九〇〇〇語～九万五〇〇〇語、五〇代以上だと六万四〇〇〇語～一〇万六〇〇〇語だそうです。

名文から吸収する文章上達法

では語彙を増やし、言葉を適切に使えるようにするにはどうすればいいか。手本になるような文章から、吸収するのが最善の方法です。数ある「文章読本」は、文章の上達法についてては諸説紛々ですが、この点についてては一致しています。
たとえば、谷崎潤一郎の『文章読本』（中公文庫）は、こう述べます。

　多くは心がけと修養次第で、生れつき鈍い感覚をも鋭く研くことが出来る。しかも研けば研くほど、発達するのが常であります。
そこで、感覚を研くのにはどうすればよいかと云うと、
出来るだけ多くのものを、繰り返して読むことが第一であります。次に

実際に自分で作ってみること

が第二であります。

三島由紀夫は「昔の人は小説を味わうと言えば、まず文章を味わった」と述べ、文学作品をゆっくりと味わい、筋にとらわれずに文章を鑑賞する効用を説いています。

料理の味を知るには、よい料理をたくさん食べることが、まず必要であると言われております。また、お酒の味を知るには最上の酒を飲むこと。絵に対してよい目利きになるためには、最上の絵を見ること。これは、およそ趣味というものの通則であって、感覚はわかってもわからなくても、最上のものによってまず研ぎ澄まされれば、悪いものに対する判断力を得るようになるものらしい。（『文章読本』中公文庫）

丸谷《まるや》才一《さいいち》はもっと単刀直入です。

文章上達の秘訣はただ一つしかない。（中略）秘訣とは何のことはない名文を読むことだと言へば、人は拍子抜けして、馬鹿にするなとつぶやくかもしれない。そんな迂遠な話では困ると嘆く向きもあらう。だがわたしは大まじめだし、迂遠であらうとなからうと、とにかくこれしか道はないのである。観念するしかない。作文の極意はただ名文に接し名文に親しむこと、それに尽きる。

（『文章読本』中公文庫）

「観念しろ」とまで言われては逃げ場がないのですが、助け舟を出してくれている人もいます。教育学、コミュニケーション論の齋藤孝《さいとうたかし》さんは、古典の全部を読もうとせず、パラパラと断片を読むだけでもいいと言っています。

まずは肩の力を抜いて、パラパラとページをめくる。そして、偶然出会った文章に心をとめ、そこから何らかの刺激を受け取る。パラパラ読みをすることで、リラックスして感性が目覚め、刺激を受けやすくなる。名著にひれ伏すのではなく、自分にとって刺激があるかどうかで断片を楽しむ。「神は細部に宿る」という言葉があるが、古典の断片にはエッセンスが宿っている。

（『古典力』岩波新書）

いまはデジタルの時代です。文章を読むのもパソコンやスマホで読むことが多くなっているのでしょう。ただスマホでＳＮＳを読んでいるだけでは語彙は増えません。限られた語彙の中で過ごすだけだからです。デジタルでも古典や名著は読めますが、私はやはり紙の本で読むことをお勧めします。

本はただの文字の行列ではなく、その装丁、大きさ、手触り、ページについたシミにいたるまで、いろんな回路を通じて記憶に残ります。私も電子書籍を読むことはありますが、のっぺりとした電子書籍では、どうも記憶のとっかかり、頭の中の付《ふ》箋《せん》のようなものが付けにくいような気がします。

寺田《てらだ》寅彦《とらひこ》が「読書の今昔」（一九三二年）という随筆の中で、未来の読書を予測してこんなことを言っています。

将来書物が一切不用になる時代が来るであろうか。英国の空想小説家は何百年間眠り続けた後に眼を醒《さま》した男の体験を描いているうちにその時代のライブラリーの事を述べている。すなわち、書物の代りに活動のフィルムの巻物のようなものが出来ていて文字を読まなくても万事がことごとく分ることになっている。しかしこれは少し書物というものの本質を誤解した見当ちがいの空想であると思われる。

（『寺田寅彦　科学者とあたま』平凡社　STANDARD BOOKS）

時代は寺田寅彦が予想したより、さらに先まで来ているようですが、紙の本の大切さは変わりがないと思います。

耳からも語彙を増やす

語彙を増やすには、読むだけでなく聞くことも有効だと、私は思っています。

子どものころ、土曜の午後はテレビにかじりついてお笑い番組を見ていた、と前に申しました。その後も受験勉強をしながら、ラジオをつけっぱなしにしていました。そのころ聞いた、落語や講談の語り口は、いまでも頭にこびりついています。

桂米朝《かつらべいちょう》が先輩落語家、文《ふみ》の家《や》かしくの口伝《くでん》をもとに、大幅につくり直して復活させた「地獄八景亡者戯《じごくばっけいもうじゃのたわむれ》」は、一時間を超える大作です。これがラジオで流れたときは、受験勉強なんぞ手につきませんでした。しかし、このような落語から学んだことも実は多かった気がします。

亡者の一行が、三途《さんず》の川を渡って、あの世のいろんな街を巡《めぐ》る場面です。

「あら何でんねん？」

「あら、念仏町や」

「念仏町ちゅうと？」

「念仏売ってまんねやがな」

「念仏みたいなもん買ぉてどないしまんねん？」

「あんた何にも知らんねやなぁ。こら肝心やで。えぇお念仏を買ぉて持って行たら、閻魔はんの前でお裁きを受ける時に、この念仏の功徳《くどく》で罪が軽なるんやがな。娑婆の裁判で弁護士を頼むよぉなもんやがな」

「こら知らなんだなぁ、えぇお念仏は……」

「地獄の沙汰も金次第ちゅうのはここのこっちゃ」

「いや、ご互いに罪はないことはおまへんねや。で、どこの店で買ぉても一緒ですか？」

「いや、そら宗旨宗旨で店が違うねん」

「はぁ、わたしは門徒でんねんけど」

「あぁ、浄土とか一向とか『なんまんだぶつ』のほぉな。見てみなはれほら、あそこに本願寺さんの屋根みたいなもんが見えてまっしゃろ。『南無阿弥陀仏屋』という看板が上がってます。あそこ行ったらよろし」

「わて、日蓮さん」

「日蓮宗はその筋向かい、ヒゲで跳ねたよぉな看板が出てまっしゃろがな。『南妙法蓮華経屋』向こぉで買ぉたらよろしねん」

「わて、真言宗」

「真言宗はその向こぉの建てもん。『オンアボキャ〜ベ〜ロシャノ〜マカボダラマニハンドマジンバラハラバリタ屋』と書いてある、向こぉ行きなはれ」

「わたい天理教でんねん」

「天理んさんはこっち側に『悪しきを払ろて助け給え天理教のみこと屋』ちゅうのありますす」

「わしはキリスト教」

「キリスト教はその向こぉで洋館建てで『アーメン商会』と書いてある」

「なるほどなぁ、いろんなんがありまっせ。見てみなはれ『創価学会』やとか『霊友会』やとか……。おッ、いま花火がポンポ〜ンッと上がりましたなぁ」

「あら『ＰＬ教団』や」

「いろいろとあるんやなぁ。ほな、みなそれぞれお念仏買ぉて行こか……」

（ネット「上方落語メモ第3集」より）

中学生時代、日本の宗教事情はこの話で知ったような気がします。「地獄の沙汰も金次第」ということわざも、ここで覚えたのかも。

大好きな落語なので、もうひとくだり。地獄の興行街を歩いている情景です。


「あのあっちのほぉ、ゾロゾロ人が行きますのんは？」

「あら芝居町《ちょ～》や」

「芝居町？」

「あこは興行もんが並んでんねん」

「何ですて、地獄にも芝居なんかありますのか？」

「そんなこと言ぅてたら笑われるであんた。こっちの芝居見たら、娑婆の芝居なんかアホらしいて見られへんがな。名優はみなこっち来てねやさかいな」

「ん～ん、そら理屈やなぁ」

「なっ。こないだあんた、向こぉの『獄立劇場』ちゅうところでな、初代から十一代目までの団十郎がみな揃ろて『忠臣蔵』やりましたんや」

「あ、みんな団十郎」

「さぁ、ややこしかったで。由良之助も団十郎なら平右衛門も勘平も、若狭之助も本蔵もみな団十郎や」

「うわぁ、よろしいなぁ……。寄席もおますか？」

「寄席かてもぉ、こっちのん聞いたら娑婆のんアホらしぃて行かれんであんなもん。こないだなんか三遊亭円朝が十日間『牡丹燈籠』続き噺でやったんやから、よぉ入ったで。あんた関西の人？　先代と先々代の春団治が『親子会』やってまっしゃろ。こっちも顔揃いや」

「ホンにホンに見てみなはれあれ、松鶴もあら五代目でっせ。文三《ぶんざ》、文枝、文団治、米団治、円都、桂米朝……、米朝といぅ名前で死んだ噺家はないはずやりど、あらまだ生きてんのんと違いますか？」

「あんじょ～見てみなはれ、肩のところに近日来演と書いてある」

「あいつ、もぉじき死によんねんや。何にも知らんと今時分しゃべってるやろ、可哀相に……。こらいっぺん見に行かないけまへんなぁ」

「近日来演」のあたりは必ず爆笑を誘いました。これで、歌舞伎役者や落語家の名前を覚えました。
もう一人、大好きだった落語家が、米朝の弟子の枝雀《しじゃく》です。この落語家の十八番の一つが「米揚げ笊《いかき》」です。

アホが大声出してやってまいりましたのは堂島でございます。ご承知のように米相場の立ちましたところでございましてね、「堂島の朝の一声は天から降る」、てなことを申しまして、強気の方も弱気の方も、朝の一声をその日の辻占、見徳《けんとく》というものになさいます。強気の方は昇る、上がるという景気のええ言葉を喜ぶ。反対に弱気の方は下《くだ》る、下がるということを喜ぶ。強気も強気、カンカンの強気の家の前に立ちよって、

「米を揚げる、米揚げいかーきぃー」
「米をば揚げる米揚げ笊」。米相場師、強気の方にとってこんなげんのええ言葉ございません。

（『桂枝雀爆笑コレクションⅠ』ちくま文庫）

相場の言葉はこの落語で知りました。関西で笊《ざる》のことを「いかき」というのも覚えました。辻占《つじうら》とは、「四辻に立ち、初めに通った人の言葉を聞いて物事の吉凶を判ずる占い」

(広辞苑)です。そんな語彙も増えました。

ここにも「堂島の朝の一声は天から降る」ということわざが出てきますが、落語・講談はことわざの宝庫です。

「男やもめに蛆《うじ》がわく」。落語「たらちね」に出てきます。

「遠くて近いは男女の仲」。落語の「たちぎれ線香」や「小言幸兵衛《こごとこうべえ》」にあります。

「先々の時計になれや小商人《こあきんど》」。落語「芝浜」で、心を入れ替えて商売に精を出す主人公の様子を描くときに引用されます。

「窮鳥《きゅうちょう》懐に入れば猟師も殺さず」。講談「幡随院《ばんずいいん》長兵衛」に出てきます。

「起きて半畳、寝て一畳」。講談「水戸黄門漫遊記」で黄門さまが、旅先で助さん、格さんに言う言葉です。

数え上げたらきりがありません。そのほかにも「蔵丁稚《くらでっち》」や「蛸芝居《たこ》」で歌舞伎の一端を学び、「寝床」や「軒《のき》づけ」で、浄瑠璃《じょうるり》を知りました。

辞書の力を借りる

本を読むことと並んで、語彙を増やすには辞書を引くことが大切です。便利になったものので、手のひらに載る電子辞書に、分厚い辞書が何冊分も入っています。

私が数年前に購入したものは、国語だけでも「広辞苑」「明鏡国語辞典」「新明解国語辞典」「新漢語林」「日本語発音アクセント辞典」「角川類語新辞典」「三省堂反対語便覧」「現代カタカナ語辞典」「大修館全訳古語辞典」「明鏡ことわざ成句使い方辞典」「大修館四字熟語辞典」「楷行草筆順字典」が入っています。さらに俳句歳時記が四種類、スポーツ用語辞典や、経済・ビジネス用語辞典もあります。もちろん英語系の辞書も入っています。もし本棚にこれだけ並べると相当な場所を取ってしまうでしょう。

しかも、ある言葉を引けば、「広辞苑」はどう言っているか、「新明解」はどうか、と並べてみることもできます。そうして、辞書を引きまくっているうちに、語彙が自然に増えていくでしょう。

もう一つ、便利なのは類語辞典です。これはネット上のを使っています。ただ言い換えを探すのではありません。これを使って、発想の助けにするのです。

たとえば「利点」という言葉を「Ｗｅｂｌｉｏ類語辞典」で引いてみます。「有利な・評価すべき性質」と「他よりも優れている点」という大きな分類があり、「長所」「優れた点」「取り柄」「優位性」「美点」「特長」などと、たくさんの類語、言い換えが出てきます。この中から、自分が使いたい用法に近いものを探し、それが「長所」だったとすると、そこをクリックします。すると今度は「長所」の類語が現れます。

「有利な・評価すべき性質」「売り込む際に強調する点」「ものの優れている点や面のこと」「他よりも優れている点」と、今度は四種類の分類があり、それぞれに、たとえば「有利な・評価すべき性質」の欄だと「強み」「メリット」「優位性」「特性」「アドバンテージ」など、多くの言葉が並んでいます。

こうして順々に引いていくことで、自分の発想になかった言葉に出会い、自分の発想もまた活性化されることがあります。頭の体操の手助けになるのです。

外来語の使い方

「素粒子」を書いているとき、カタカナ表記の外来語はなるべく使わないようにしていました。短い文章には、長ったらしいカタカナ言葉は邪魔になるし、こなれていない外来語は読者にも意味が通じにくいと考えたからです。

お役所は総じて、外来語を使いたがります。その方が何か新しいことをしている、大事な仕事をしているような雰囲気があるからでしょうか。経済産業省のサイトから拾ったこんな文章があります。

現場における改善活動の域を超え、経営戦略としてトップダウンでこれを推進するプラント事業者に加え、ここへきてとりわけ顕著なのが、新たな設備保全ニーズの高まりをビジネスチャンスと捉える動きである。これまでの設備メーカーやエンジニアリング企業だけでなく、異業種からの参入が相次ぐほか、プラントにおけるＩｏＴを軸とした企業連携も相次ぐ。センサー技術やビッグデータ解析などの独自のノウハウを持つスタートアップもスマート保全の一翼を担うプレーヤーとして存在感を発揮しつつある。

（METI Journal 政策特集「ドローンやＡＩ～最新技術を駆使して老朽化に挑む」より）

この二四〇〇字ほどの文章の中に、カタカナの外来語が一三回出てきます。これを日本語に置き換えてみます。それだけで、少し短くなります。

現場における改善活動の域を超え、経営戦略として上層部の意思決定でこれを推進する生産設備事業者に加え、ここへきてとりわけ顕著なのが、新たな設備保全需要の高まりを商機と捉える動きである。これまでの設備製造企業や工業技術企業だけでなく、異業種からの参入が相次ぐほか、生産設備におけるＩｏＴを軸とした企業連携も相次ぐ。検知技術や大量情報解析などの独自の技術を持つ新興企業も洗練された保全の一翼を担う者として存在感を発揮しつつある。

ビジネスチャンス、ビッグデータ、スタートアップなどの外来語が、なんとなくありがたい雰囲気を醸し出していると、役所の方は考えるのでしょうか。「スマート保全」にいたっては、何にでもスマートをつければスマートに聞こえると思っているのかもしれません。

日本文学にのめり込み、日本国籍までとったドナルド・キーンさんが、こんなことを言っています。

　日本人は西洋文学の輝かしい成果を発見し、明治初期に端を発した細々とした翻訳の小川は、徐々に膨れ上がって一大奔流となった。欧米のほとんどすべての重要な作品は日本語に訳され、時にはひとつの作品に三つか四つの異なった翻訳版が試みられた。今日では、外国語を知らない者が母国語でより多くの世界文学を読めるという点で、日本語に比肩し得る言語はないといわれる。彼らが西洋の小説を好むのは、外国人が内輪でどのような話をするのか、どのような恋愛をするのかと好奇心に駆られているからばかりではない。英国人やロシア人が書いた書物から、かえって日本人自身について多くを教えられたことを理解しているからである。

（『果てしなく美しい日本』足立康《あだちやすし》訳　講談社学術文庫）

私は特派員として、東南アジアで何年も暮らしました。一般に現地の知識層は、日本人より英語が上手です。それは文学に限らず、現地語に翻訳される文献が少なくて、英語を知らないと第一線の知識が得られないからだと思います。

先端的な仕事をするには英語が必須なのです。その点でいまの日本人はずいぶん恵まれています。日本語の世界だけでも十分生活も仕事もできるのですから。

明治のころの日本人はそうではありませんでした。西洋社会に追いつこうと必死で外国語を学び、外国の文献・文学を翻訳しました。森鷗外《もりおうがい》は医学を学びにドイツに留学しましたが、現地で文学や哲学書も読みあさり、帰国して『舞姫』という、ベルリンを舞台にした近代的な恋愛小説を発表しました。

夏目漱石は英国に二年留学しました。現地にはなじめなかったものの、その経験がのちの作品に大きな影響を与えています。彼らは、それぞれの国の言葉や思想、文学を吸収したうえで、新しい日本語をつくり、新しい日本文学の基礎をつくったのです。

また西周《にしあまね》ら明治の知識人は、漢語や儒教の基礎知識を背景に、欧米の抽象語を翻訳しました。哲学、心理学、倫理学、美学、言語学、社会学、経済学、物理学、化学、幾何学、形而上学、認識論、絶対、先天・後天、主観・客観、世界観・人生観、人格、範疇、功利主義、連想、主義、表象、進化論、権利、観念、意識、感覚、自由、能動、記憶、肯定、否定、属性、真理などです。

「愛」という漢字があります。白川静《しらかわしずか》の「字統」によれば、後ろを顧みて立つ人の形を表す字形のまん中に「心」を入れた字だといいます。「後ろに心を残しながら、立ち去ろうとする人の姿」とあります。古語では「愛《かな》し」と書いて、「いとしい。切ないくらいかわいい」「身にしみて心ひかれる思いだ。強い感動がある。すばらしい」（大修館全訳古語辞典）の意味になります。そこに近代に入って、キリスト教の背景を持つ英語の「love」やフランス語の「amour」の意味が加わって、現在の「愛」になりました。

これらの言葉がなければ、われわれはいま何の文章も書けず、何の議論もできないでしょう。そう考えたとき、安易な外来語のカタカナ言葉を多用するのは、恥ずかしくさえなるのです。

第五章　何をどう書くか、発想の技法

連想ゲームでつなぐ

「素粒子」を書いていたころ、私は毎朝四時半に起きていました。夕刊のコラムなので、それぐらい早起きしないと間に合わないのです。夏なら、すでに夜も明けています。天気がよければ朝の光があふれて、すがすがしいものです。しかし、冬場だとまだ暗く、近所もみな寝静まっています。なんでこんな時間から仕事をしないといけないのだろう、と孤独感が迫ってきます。

まず朝刊を取り込んで、簡単な朝食をとりながら読みます。もちろんまず読むのは朝日新聞です。私の読み方は、まず一面からです。それもいちばん下の「天声人語」から。なぜなら「天声人語」が、その日取り上げた話題は避けたいからです。

そして、一面、二面、三面と読み進み、そこから今度はいちばん裏の社会面に飛びます。前のほうの面と同様に、その日のニュースが中心の面だからです。社会面の左側を一社と呼びます。右側が二社です。一枚めくると三社が出てきます。一、二、三社と読み進んで、今度は前の四面に戻ります。四面はほとんど政治関係のニュースです。

そうやって前と後ろを行き来しながら、玉ねぎの皮をむくように読んでいくのが、長年のうちに身についた私の読み方です。それが、その日の重要ニュースから読んでいくのに都合がいいのです。

新聞は制作工程上、外側の面ほど締め切りが遅いのです。つまり外の面ほど新しいニュースが入っていることになります。私はそれを逆の順序で読んでいくわけです。

そうすると、まん中あたりにあるオピニオン面は最後のほうになるのですが、そこに楽しみにしているものがあります。「かたえくぼ」という読者投稿欄と、朝日川柳です。とくに「かたえくぼ」は、短い言葉で世相を斬《き》るという点で、「素粒子」と志を同じにしています。しかも「素粒子」よりもさらに短く、たった一言です。ある日のかたえくぼは、こんな感じです（朝日新聞二〇二一年五月二五日付）。

『ワクチン打ち手不足』

打つ手不足と聞こえます

――国民

（糸島・ひるあんどん）

競争相手だとも意識していて、これを読んで「あ、やられたな」「こういう発想もあったか」と、思うことがしばしばあります。でも、それはいい刺激にもなっています。

朝日川柳も、多くは時事問題を扱っていて、やはり見方や表現方法に、学ぶところがあります。ただし私のほうは、七五調の川柳にならないように気をつけているのですが。

そうして一通り読んだら、新聞を持って二階の自分の部屋に上がります。そこから作業開始です。ネットで他紙に一通り目を通します。

読むのはまず、一面コラムと他の主要コラムです。これも題材がダブらないようにするためです。もちろん、これは外せないという大きなニュースがある場合は、題材のダブりは気にしませんが、発想や表現が似通ってこないように気をつけます。そして朝日新聞には載っていないニュースを探して読みます。これはあくまで参考です。他紙だけに載ったニュースを基にしたコラムを、朝日新聞の読者に読んでもらうわけにはいかないので。

いろんな記事やコラムを読みながら、頭の中で題材を探しています。三つ必要なのですが、たいてい一つは、これだというのがその日のニュースの中にあるものです。そこからあと二つをどう選ぶかが、勝負なのです。

私は、三つの題材をできれば関連づけたいと思っていましたので、ここで連想ゲームを始めます。

ある題材に出てくる言葉から、ほかの題材につなげることはできないか。何かお互いに通底する問題はないか。同じ言葉でくくれないか。その段階では、まだ取り上げる候補はたくさんあります。鍋《なべ》をかき回して、いろんな具材がぐるぐる回っているような状態です。

そこから何を取り出し、どう料理として仕上げるのか。その日の当番デスクは一〇時ごろには出社してくるので、そのころまでには原稿を送っておきたい。毎朝、そんな格闘をしていました。

一つのテーマを、目線を変えて上から下からのぞいてみる。別の角度からはどう見えるか試してみる。そんなことをしていると、ふと何か違うものが見えてくるときがあります。あ、手掛かりが見つかった、つながったと思えるときです。

そんな苦労の跡を一つお見せします（二〇一五年八月二九日付）。


悲しい受験生だったか、鹿児島県知事も。「サイン、コサイン何になる」の郷愁。でもそれは女性だけの話でなく。

☆

受験の展望すらない子も多

いのだろう。子どもの貧困率
がひとり親世帯で5割超と。
まず食事と居場所ぐらいは。

☆

育てば見上げるほどになる
はずが。福島の線量の高い山
林で幹が伸びないモミの木が
多数。悲しき帰還困難区域。

鹿児島の伊《い》藤《とう》祐《ゆう》一《いち》郎《ろう》知事が「高校教育で女の子にサイン、コサイン、タンジェントを教えて何になるのか」と発言し、「社会の事象とか、植物の花とか草の名前を教えたほうがいい」と持論を述べました。明らかな女性差別発言です。

このニュースを読んでいて、ふと思い出したのが高石《たかいし》ともやの「受験生ブルース」（中《なか》川《がわ》五《ご》郎《ろう》作詞・高石友也作曲）です。ずいぶん昔の曲ですが、いまでもすぐに口から出てくるのは、私自身が受験生だったころに聞いたからでしょう。

（JASRAC出210929023-01）

♪おいで皆さん　聞いとくれ
僕は悲しい　受験生
砂をかむような　あじけない
僕の話を　聞いとくれ

そして、こう続きます。

♪ひとよ　ひとよに　ひとみごろ
ふじさんろくに　オームなく
サイン　コサイン　なんになる
俺らにゃ俺らの　夢がある

これで県知事発言と受験がつながりました。すると次に、子どもの貧困問題の記事が混沌の鍋の中から浮かび上がりました。さらに、子育てとモミの木の生長の話が関連づけられることに気づきました。そして最後に「悲しき帰還困難区域」で締めくくります。

これはもちろん「悲しい受験生」にかけています。ある程度の年齢以上の読者でないとわからないでしょうが、多くの読者が「受験生ブルース」を頭に浮かべながら読んでくれることを願って書いた「素粒子」でした。

「エピソード記憶」が大事

人間は記憶の中で生きています。いまこうして活動していることも、一瞬のうちに記憶となります。あなたが何かの文章を書こうとするとき、必ず記憶をたどり、記憶の中から書くべきことを選んでいくことになります。

人はまた、すべてを覚えていられるわけではありません。しかし、忘れたことをまた思い出すこともあります。人の脳というのは不思議なものです。

コロナ禍以降、リモートワークが増え、会議や相談事もネット経由で行うことが多くなりました。便利ではありますが、ネットが伝えるのは映像と音です。人間の五感のうち、二つの感覚で感受できるものしか伝えません。触覚、嗅覚、味覚という三つの感覚は置き去りにされます。こうした状況が続くと、人の記憶に偏《かたよ》りができてしまうのではないか、と私は心配しています。

マルセル・プルーストの有名な長編小説『失われた時を求めて』では、主人公が紅茶に浸したマドレーヌを口にしたとたん、かつての幸せな時間を思い出します。

すると突然、想い出が私に立ちあらわれた。その味覚は、マドレーヌの小さなかけらの味で、コンブレーで日曜の朝（というのも日曜日は、ミサの時間まで私は外出しなかったからである）、おはようを言いにレオニ叔母の部屋に行くと、叔母はそのマドレーヌを紅茶やシナノキの花のハーブティーに浸して私に出してくれたのである。（中略）古い過去からなにひとつ残らず、人々が死に絶え、さまざまなものが破壊されたあとにも、ただひとり、はるかに脆弱なのに生命力にあふれ、はるかに非物質的なのに永続性があり忠実なものとは、匂いと風味である。それだけは、ほかのものがすべて廃墟と化したなかでも、魂と同じで、なおも長いあいだ想い出し、待ちうけ、期待し、たわむことなく、匂いと風味というほとんど感知できない滴《しずく》にも等しいもののうえに、想い出という巨大な建造物を支えてくれるのである。

（『失われた時を求めて1　スワン家のほうへI』吉川一義《よしかわかずよし》訳　岩波文庫）

紅茶をふくんだマドレーヌのほんの小さなかけらです。しかし、その甘く芳醇《ほうじゅん》な香りと味が、記憶の扉を開くカギとなっています。プルーストは、鉢に満たした水の中で、水中花が広がるように思い出が現れたと表現しています。

嗅覚と味覚は、記憶のより深い層に結びついているのかもしれません。ネット経由のコミュニケーションばかりに頼っていると、こうした感覚は記憶のしようがありません。記憶が殺伐としたものにならないか、と私は懸念します。

人間は、見たもの、聞いたことをすべて記憶することはできません。記憶すべきものを記憶しているのです。心理学では、記憶を感覚記憶、短期記憶、長期記憶に分類します。感覚記憶は、文字通り五感の感覚器官に瞬間的にもたらされるもので、意識されません。感覚記憶のうち意識にのぼったものが短期記憶になります。短期記憶は、持続するのが数十秒程度の記憶とされます。その量にも限りがあります。

短期記憶の多くは忘れ去られますが、その中の一部が長期記憶として、脳に保存されます。長期記憶は、長いものでは一生涯記憶されます。容量にも限度はないとされます。長期記憶となる過程のことを記憶の固定化と言います。

長期記憶は、陳述記憶と非陳述記憶に分かれます。非陳述記憶は、自転車の乗り方のように、同じ経験を繰り返して、いわば体が覚えてしまったような記憶です。陳述記憶はまた、エピソード記憶と意味記憶に分類されます。意味記憶は「一般的な知識や事実の記憶。学校教育で学習するものなど」（広辞苑）で、いつ、どこで得たかは忘れられ、意味だけが残ったものです。

ものを書くときに大事なのは、エピソード記憶です。「特定の場所や時間と結びついた事実の記憶。個人的な体験や思い出など」（同）とされています。つまり、どこへ行ったか、何を食べたか、誰と会ったかという記憶です。

エピソード記憶は、それを経験したときのさまざまな付随する情報とともに脳に刻まれます。あることを経験したときの周囲の状況、自分自身の体や心の状態などです。

さまざまな記憶の要素が強く結びついたときに、一つのまとまった出来事として記憶に残ります。記憶を引き出すときには、それぞれの感覚に残った記憶の手掛かりのようなものを思い出すことによって、記憶の痕跡が再びつながっていき、その体験全体が脳の奥から引き出されるのです。『失われた時を求めて』の、紅茶に浸したマドレーヌはその典型といえます。

エピソード記憶は意味記憶よりも、加齢や障害によって壊れやすく、失われやすいとも言われます。その壊れやすい記憶を、どうたどっていくか。文章を書くということは、自分の脳との対話、自分自身と向き合うことなのです。

さて、あなたが学生時代の話を書くとします。四年間の大学生活の中で、何がいちばんテーマとしてふさわしいのか、記憶をたどりつつ選ばなければいけません。

先生や友人の思い出でしょうか。下宿生活のことでしょうか。あるいはクラブ活動か、初恋の話か。

実家を出て、初めて一人暮らしを始めた下宿のことをテーマに選んだとします。その下宿はどこにあったのか、何階建てで自分の部屋はどこだったか、建物の外観や内装はどんなものだったか。初めて見たときの印象はどうだったか。そんなことを思い出しているうちに、隣に住んでいた学生と仲よくなったことを思い出します。

学部は違って、学校ではあまり会わなかったけど、夜になると、酒を持ってよく自分の部屋にやってきました。そう、酒はそのころ初めて飲んだのです。安いウイスキーは、のどを荒々しく刺激しました。ポテトチップスの袋を開けて、その酒をその辺にあった適当なプラスチックのコップについで飲んだものでした。

彼とどんな話をしたのでしょう。学校生活の話、気に入った女性の話、きっといろんな話をしたでしょう。

そうやって、記憶をたどっていくうちにだんだんテーマが絞れてきます。二人とも同じ女子学生が気に入っていて、どちらが先に声をかけるか競争していた。結局どちらもうまくいかなかった。彼は、その女子学生はいまどうしているのだろう。だんだん記憶がよみがえってきます。いい話が書けるかもしれない、そんな気がしてきます。

そうしたら今度は、資料を探しましょう。当時の写真は残っていませんか。手紙や当時読んだ本を読み返してみると、思いがけない発見があるかもしれません。何も残っていなかったら、図書館に行ってそのころの新聞や雑誌を探してみましょう。

どんなものが流行《はや》っていたのか、政治や経済情勢、記憶に残る事件はなかったか。文章の奥行きを深くするヒントがあるかもしれません。

時間をたどるだけでなく、空間もたどってみましょう。学生時代に住んだ場所に、行ってみるのです。そうだ、こんなものがあった、この喫茶店にはよく入ったんだ、と思い出すことがあるでしょう。

当時あったものがなくなっていたり、なかった建物ができていれば、それはそれで時の流れを感じさせる一コマになるでしょう。発想の手掛かりは、なるべく広く探すことです。

比喩に語らせる

ものや事柄を何かにたとえる。比喩《ひゆ》は表現の根幹だと思っています。わかりにくいことを別の言葉で言い換える。あるいは言い足りないところを、別のもののイメージで語らせる。

場合によっては、百の説明より、一言の比喩でそのものを語ることができます。比喩を適切に使うことで、文章は奥深く、彩りに富むものになります。

コロナ禍の国会で、党首討論が開かれました。「国民の命を危険にさらしても五輪を開くのか」「国民の命と健康を守っていく、という前提条件が崩れたら、どうするのか」。そう追及する野党党首に対して、菅《すが》首相（当時）は「オリンピックについて私の考え方をぜひ説明させていただきたい」と、前回の東京五輪の際の思い出話をとうとうと始めました。

こうしたやりとりを「やぎさん答弁」と呼ぶのが流行りました。まど・みちおさんの詩「やぎさんゆうびん」からの発想です。「しろやぎさんからおてがみついた　くろやぎさんたらよまずにたべた」。つまり質問の中身を聞かずに食べてしまうような答弁ということです。これも一種の比喩ですね。

またコロナ禍での首相の役割を、国民を乗せた船の船長にたとえることもできます。「コロナという暴風が吹き荒れているときに、どうして日本丸を出航させて五輪に向かうのか。荒海を乗り切る方策はあるのか。もしこれ以上に海が荒れたら、引き返す覚悟はあるのか」と問えば、これも立派な比喩です。

実は安倍首相時代に「素粒子」で、やぎさん答弁を取り上げたことがあります（二〇一五年六月一八日付）。

白ヤギさんの手紙を読まずに食べる黒ヤギさん。言いたいことだけ返事する。応酬を続けても深まらぬ党首討論。

☆

ときには手紙が武器になるらしいサイバー空間。年金機構に協会けんぽに環境省の外郭団体。紙つぶて攻撃続く。

☆

その一票は政治への手紙。率直であれ辛辣《しんらつ》であれ新鮮な便りを届けて欲しい、若い有権者たち。まずは筆まめに。

このときの党首討論は安倍首相と、民主党（当時）の岡田《おかだ》克也《かつや》代表らで行われました。言いっぱなしで議論がかみ合わないのは、このときも同じでした。

作家で比喩を多用する人といえば、まず村上春樹さんが思い浮かびます。この異次元の比喩をご覧ください。

22歳の春にすみれは生まれて初めて恋に落ちた。広大な平原をまっすぐ突き進む竜巻のような激しい恋だった。それは行く手のかたちあるものを残らずなぎ倒し、片端から空に巻き上げ、理不尽に引きちぎり、完膚《かんぷ》なきまでに叩きつぶした。そして勢いをひとつまみもゆるめることなく大洋を吹きわたり、アンコールワットを無慈悲に崩し、インドの森を気の毒な一群の虎ごと熱で焼きつくし、ペルシャの砂漠の砂嵐となってどこかのエキゾチックな城塞《じょうさい》都市をまるごとひとつ砂に埋もれさせてしまった。みごとに記念碑的な恋だった。

（『スプートニクの恋人』講談社文庫）

若い女性の恋が地球規模のたとえで描かれています。凡人にはまねのできない世界です。ここまでの比喩が必要な文章はそうないでしょうが、たとえを考えることは表現力を鍛え、発想を豊かにすることにつながります。

「広大な平原をまっすぐ突き進む竜巻のような」は直喩です。「……のような」と比喩であることを明示しています。「それは行く手のかたちあるものを残らずなぎ倒し」以下は隠喩です。比喩であることを明示していませんが、ストレートに語ることで、より強い印象を与えています。

開高健の比喩もなかなかのものです。


まずは河馬のお化けである。ギョロリとした大目玉。ひしゃげた鼻。厚いくちびる。重い肩。厚い胸。それがだんだんクローズ・アップされてせりだしてくる。グローブのような手でトランペットを鷲づかみにするとまるで子供の玩具である。その玩具の吸口へサッチモはくちびるをあてて必死になって吹きたてる。吹いて、吠えて、叫ぶのである。すると見る見る白い粘っこい泡のかたまりがくちびるのはしにあらわれ、べとべとと顎へ流れだす。唾である。たまったものではない。額、眉、目じり、頬、顎、いたるところに汗が吹きだし、毛穴がひらいて、ライトのなかで湯気をたて、皮膚のブツブツが一粒ずつ浮いて見え、醜怪、陋劣、ここに極まると見えた。河馬、蟇、猿、穴居人、男根、オットセイ、なんでもそのあたりのおよそ精力のシンボルとなりそうなものをかたっぱしから巨大な肉袋のなかへつめこんだと思えばいいのである。

（「芸術家の肉体」中公文庫『ピカソはほんまに天才か』より）

ジャズトランペッターのルイ・アームストロングを撮った記録映画について、書いたものです。「河馬のお化け」とか「精力のシンボルとなりそうなものをかたっぱしから巨大な肉袋のなかへつめこんだ」とか、壮絶な比喩ですね。

比喩表現は、私が思い浮かべているものは、あなたが思っているものと同じですよと、映像のようなイメージを直接伝えられます。主語の話で取り上げた小説の冒頭をもう一度読んでみてください。

国境の長いトンネルを抜けると雪国であった。夜の底が白くなった。信号所に汽車が止った。

（川端康成『雪国』新潮文庫）

「夜の底」とは何でしょうか。理屈では説明できません。しかし、トンネルを抜けると、一面に積もった雪が薄明かりに照らされている。そんな夜景が車窓に広がる。目に映った情景が、一言で見事に描かれています。

ただし、「夜の底」という言葉自体は川端のオリジナルではなさそうです。この言葉は広辞苑にも載っていて、「地平に広がる夜の闇」とされています。広辞苑も例に引いているのですが、泉鏡花《いずみきょうか》の『貝の穴に河童《かっぱ》の居る事』という作品に「花やかな娘の笑声が、夜の底に響いて、また、くるりと廻って、手が流れて、褄《つま》が飜《かえ》る」と出てきます。また芥川《あくたがわ》龍之介《りゅうのすけ》の『羅生門《らしょうもん》』にも「下人は、剝ぎとった檜皮色《ひわだいろ》の着物をわきにかかえて、またたく間に急な梯子を夜の底へかけ下りた」とあります。

比喩表現には言い古されたものも多く、使うことでより陳腐《ちんぷ》になることにも気をつけなくてはいけません。たとえば、

雪のように白い
真夜中のように暗い
馬鹿にしたような笑い
子どものような笑顔
鈴を転がしたような声

このような比喩を、誰かが最初に使ったときは、きっと新鮮だったのでしょう。しかし、

みんなが使うようになると、常套句と同じで、かえって文章をつまらなくします。

独創的なたとえ

作家で俳人のせきしろさんが『たとえる技術』（新潮文庫）という本を出しています。彼は、比喩の効用についてこう言っています。

「たとえる」と
一瞬にして目の前の世界が変わる。
それは風景を鮮明にし、
感情を際立《きわだ》たせ、
想像力を掻《か》き立て、
そして伝わる。
見えるものも見えないものも
すべてを変えるのだ。

喜びを表現するとき「とても嬉《うれ》しい」だけでは伝えきれないものがあるでしょう。せきしろさんは、そういう感情を共有するために、オリジナルなたとえの例を挙げています。

「この犬、他の人に懐《なつ》くこと滅多にないのよ」と言われた時のようにうれしい
最後の期末テストが終わった時のようにうれしい
思っていたより買取額が高かった時のようにうれしい
大浴場に自分ひとりだけのようにうれしい
二度寝してもオッケーな時間だった時のようにうれしい

オリジナルな比喩は何より読み手の興味を掻き立て、印象に残ります。多くのグルメレポーターがいるなかで、彦摩呂《ひこまろ》さんの食レポの独自性は、その比喩にあります。有名なのは「お口の中が宝石箱」ですが、ほかにもこんなのがあります。

野菜のリーマンショック
胃の中はヒートアイランド現象
牛の柔軟体操
肉汁のドリンクバー

鰻のアロマテラピー
野菜たちの6カ国協議
具の満員電車
らっきょのエメラルド
麺の反抗期
コショウの単独ライブ

中には意味不明のものもありますが、記憶に残るのは間違いありません。何を何にたとえようか。「素粒子」をひねっているとき、多くはそんなことを考えていました。やや彦摩呂さん風の作を一つ（二〇一六年七月二九日付）。

列島を丸ごと遊園地にした
ポケモンGO。永田町にも出
るらしい。その名はニューカ
クマチ。いくらでも捕まる。

☆

まん丸目玉の愛らしい姿。
その虫がちょこまか列島を走り回っていた時代もあった。
スバル３６０が機械遺産に。

☆

最低賃金は24円引き上げ。
ソフトバンクがアローラ氏に退職金68億円。けたが違いすぎてもはやバーチャル世界。

比喩は文学作品の色彩を豊かにし、深みを与えます。

行政名のいかめしさとは反対に、空港の建物はまるで片田舎の停車場ほどの大きさしかなかった。入口をはいったかと思うともうそこが出口で、それを出ると壁のような暗闇《くらやみ》が立ちはだかった。

（須賀《すが》敦子《あつこ》『トリエステの坂道』新潮文庫）

初めての空港に深夜、降り立った不安な気持ちが、比喩を使った情景描写で浮かび上がっています。

犬の息にそっくりな海辺の雨の臭い。噴霧器で撒きちらしたような方向のない糠雨なので、雨宿りの場所としては、そうふさわしくない。
（安部《あべ》公房《こうぼう》『箱男』新潮社）

それはおよそ僕の警戒したすべての種類の言葉から無縁な問いかけである。僕は一挙に、日常性の陸地へ救助され、ぐったりと弛緩するほどに安堵した。この男を媒介者として近所にスキャンダルがひろがるだろう。しかしそれはあくまでも日常性のうちなるスキャンダルだ。一瞬前の僕が、恐れかつ恥じていた種類の圧倒的なスキャンダルではない。それに巻きこまれれば恐怖と恥辱感のために躰全体の毛穴から忌わしいムク犬の剛毛が生えてくるほどのスキャンダル、あらゆる人間的なものを粗暴な反発力ではじきとばすスキャンダルではない。
（大江《おおえ》健三郎《けんざぶろう》『万延元年のフットボール』講談社）

やがて御釈迦様はその池のふちに御佇《おたたず》みになって、水の面《おもて》を蔽《おお》っている蓮の葉の間から、ふと下の容子《ようす》を御覧になりました。この極楽の蓮池の下は、丁度地獄《じごく》の底に当って居りますから、水晶《すいしょう》のような水を透き徹して、三途《さんず》の河や針の山の景色が、丁度覗《のぞ》き眼鏡《めがね》を見るように、はっきりと見えるのでございます。

（芥川龍之介『蜘蛛の糸』青空文庫）

こんなたとえが、どこから出てくるのでしょう。文学作品を解説するのもやぼなので、そのまま味わってください。

せきしろさんに戻ると、『たとえる技術』には実に多くの独創的なたとえが出てきます。その中でも、私のお気に入りを紹介します。「感情をたとえる」の章からです。

【驚き】
「知り合いかも」に父親が表示された時のように驚く

【寂しい】
掲示物をすべてはがした教室のように寂しい

【優しい】
たんぽぽの綿毛を手のひらにのせる時のように優しい

【孤独】
樽《たる》の中の黒ひげの男のような孤独
【悲しい】
窓の向こうに透けて見える大きい焼酎《しょうちゅう》の空き容器
【後悔】
お弁当が片寄ってしまった時のような後悔
【つまらない】
うまくできた福笑いのようにつまらない
【信じられない】
「怒らないから言ってごらん」という言葉のように信じられない
【罪悪感】
破れている紙幣を使う時のような罪悪感

天使が降りてくるとき

お気に入りのたとえは、まだまだあるのですが、このぐらいにしておきます。たとえを考えることがいかに楽しく、難しいかを知っていただければと思います。それは引用を考えるときと似ている気がします。

自分の頭の中を引っくり返して、何かとっかかりがないか探しに探す。ちょっとでも思い当たるものがあれば、新聞やら資料やらを漁《あさ》って、つながりを見つける。そんなときに、「あ、これだ」と、頭の上で、漫画のように白熱電球が点灯することがあります。井上ひさしさんは「悪魔が来る」と呼んでいます。


僕は、故郷につくった図書館「遅筆堂《ちひつどう》文庫」の名称通り、筆が遅《おそ》いのは有名ですが、「どうしてそんなに遅いのですか」と聞かれたら、こう答えるしかないと思っています。

理屈でわかっているようなものを書くと、全然面白くありません。いいものを書くためには、練《ね》って練って、これじゃ駄目《だめ》、あれも駄目、これも駄目と、何度も何度もやってはじめて出てくるものを信じています。僕はその感じを「悪魔が来る」という言い方をしています。

（『ふかいことをおもしろく』ＰＨＰ研究所）


毎日締め切りに追われていた私は、悪魔ではなく、「天使が降りてきた」と思いました。「天使が微笑んでくれた」「ああ、救われた」と思う瞬間です。この瞬間があるから、文章を書く醍醐味《だいごみ》があるのだと思っています。ただし、天使はめったにやってこないのが難点ですが。

思いついたらその場でメモ

アイデアが出てくるのは、文章を書いているときとは限りません。人間の頭脳は常に働いていて、まったく関係ないときに関係ないことを思いつくことがあります。電車に乗っているとき。うつらうつら眠りにつこうとしているとき。出がけに玄関の扉を閉めたとき。そんなときでも、ふと文章のアイデアが出てくるときがあります。

せっかくの思いつきを忘れないように、いつもメモを手元に置いておきましょう。私は一冊の手帳を、予定の管理とメモとの両方に使っています。一つにまとめておくほうが何かと便利なので。

何かの原稿を書こうとしているときには、メモの新しいページの上のほうにタイトルだけ書いておきます。そこに言葉の断片でも、読むべき本でも、何か浮かんだものを順不同に書き込んでいきます。たとえばこの本を書くためのメモには、こんな言葉が並んでいます。

吟醸の文章―米を削る
修飾語を削る
接続詞を削る
主語を削る
五感を総動員する
ソムリエの表現力
ポイントは比喩

あ、本棚にこんな本があったな。あれを開けば、何か参考になることが出てくるかもしれない。そう思った本のタイトルもいくつかあります。メモなので他人に見せる必要はありません。あとから整理していけばいいのです。せっかくの思いつきを字にしておく、そのことが大切です。

第六章　誰もが発信する時代の文章術

いまは一億総料理人

この本の冒頭で、「吟醸《ぎんじょう》の文章を」と述べました。一面のコラムを新聞という居酒屋の「突出し」だとも言いました。文章を書くことは料理をすることと、とても似ていると思うのです。

まず素材を選び、調理法を考え、出来上がりの姿を思い描く。包丁を研《と》ぎ、調味料や彩りの具材も揃えなければいけません。

「素粒子」を書いていたころは、毎日の朝刊が素材の宝庫でした。しかし、ただやみくもにおいしそうな材料を集めても、料理はできません。取り合わせを考えなくてはいけないのです。白身の魚ばかりでは変化がありません。赤身も貝もタコやイカもいるでしょう。取り合わせの野菜も必要です。

和食に「出会いもの」という言葉があります。その季節の旬《しゅん》のものを組み合わせると、単体で調理した以上のおいしさが生まれる、という調理法です。

代表的なものに若竹煮《わかたけに》があります。春の出会いものですね。海からとれたワカメと山でとれた筍《たけのこ》を一緒に煮ると、互いが互いを引き立て、おいしさが深まります。文章の素材選びもそうありたいものです。

「素粒子」の場合は、朝どれの素材を手早く調理しなくてはなりませんでした。なので、どうしても素材の味をそのままいかした調理法が多くなります。刺身や焼き物といったところでしょうか。

まずは包丁の切れ味が問われるということです。刺身は角が立っていないといけない、と言われます。ぐにゃぐにゃに切られたものは、見た目も悪く、口に運んではもらえません。しかし、刺身や塩焼きばかりでも飽きられます。目先を変えた味つけも必要です。みそやしょうゆを使うか、酢でしめるか、トウガラシでピリ辛にするか。そうして手早く、一気に調理して、小さな箱にきちんと盛りつける。毎朝、そんな気持ちで仕事をしていました。

新聞のコラム屋のような時間の制約がなければ、ゆっくり調理すればいいのです。じっくり煮込めば、また違う味わいになります。一日置けば味がしみます。鰻《うなぎ》のように何度もたれをつけて焼くのがいい素材もあります。

いまはSNSやネットで、みんなが文章を発信しています。いわば一億総料理人の時代です。あるいは文章界の「万人の万人に対する闘争」の時代と言ってもいいかもしれません。その中で生き残るには、読んでもらえる文章を書くしかありません。

紙の新聞には、これ以上入らないという物理的な制限がありますが、ネットに字数制限はありません。そのことは、時として逆効果を生みます。ネットでは、だらだら長々と書いている記事を見かけます。よそから得た情報の寄せ集めだったり、ただ無駄な文章を書き連ねたりしています。字数でお金を稼いでいる人もいるのでしょう。本当に必要な部分はほんの少しで、余計な情報で水増ししたものも見られます。

個人の時間には限りがあります。多くの情報が流れる中で、そんなものに付き合うのは無駄です。いずれ自然に淘汰《とうた》されるかもしれません。

ツイッターには字数制限があります。ただ、一つひとつのツイートで、まとまった文章になっていることは少ないように見受けられます。つまり思ったままの一瞬の「つぶやき」でしかなく、ほかのツイートと合わせて読まないと真意がわからないこともあります。

生き残っていくのは、短くともちゃんとまとまっていて、読み手の心をとらえ、必要なことをきちんと伝える文章です。

とにかくまず書いてみましょう。ここまで読んでこられた人は、必ず何か書きたいことがあるはずです。自分の心に聞いてみましょう。自分との対話がまず第一歩です。

何かの手掛かりを得て、記憶の扉を開けるのです。『失われた時を求めて』の主人公のように、そこで宝の山を見つけるかもしれません。そして、ぼんやりとでもテーマが浮かんだら、机の前に座って、原稿用紙を広げてみるか、パソコンを開いてみましょう。

ちゃんとした机がなければ台所のテーブルでも、どこでもいいのです。村上春樹さんは、経営していたジャズ喫茶の営業が終わったあと、そのテーブルで第一作の『風の歌を聴け』を書き上げたといいます。

何か一行書いてみましょう。一行書けば、二行目が浮かんできます。二行目が書ければ三行目です。ワープロソフトは便利なものです。どこから書き始めても、あとで順番を入れ替えることができます。

だらだら書いていると締まりのない文章になるかもしれません。そうしたら、思い切って順番を変えてみるのです。思わぬ発見があります。そのうち、「これは」という書き出しも浮かんでくるかもしれません。

最後はこれで締めくくろう、という文章も思いつくかもしれません。構成はあとからでもできるのです。

まず一行目を書き始めることです。書いているうちに、芋づる式に次々に記憶が呼び覚まされ、話が展開していきます。そうです。文章の天使が微笑み始めているのです。

一通り文章ができても、すぐに手放してはいけません。それは料理を鍋《なべ》のまま出すようなものです。一応の味つけができていても、まだ人様にお出しする準備は整っていないのです。

まず推敲《すいこう》に推敲を重ねましょう。誤字、脱字はないか。ワープロで書くと、時にとんでもない変換ミスがあります。削れる主語や接続詞がないか、いらない修飾語はないか、句読点の位置は適切か、何度も読み返します。

気になる情報は、原典にあたり直しましょう。漢字とひらがなの比率は適当か、同じ単語が繰り返し出てこないか、表現が重複するところはないか、点検すべきことはたくさんあります。

そうして文章を整えて、料理にたとえるなら盛りつけまで気を配って、ようやく人前に出せるものになります。

特に夜書いた文章は、必ず一晩寝かせましょう。朝になって冷静な頭で読み返すと、自分の文章がやみくもに踊っているように思えることがあります。夜中にラブレターを書いて、翌朝読み返すようなものです。

彫心鏤骨《ちょうしんるこつ》という言葉があります。広辞苑には「(心にきざみ骨にちりばめる意) 苦心すること。詩文などを非常に骨を折り心を砕いてみがきあげること」とあります。作家の内《うち》田百閒《だひゃっけん》は夏目漱石の弟子でした。文章を推敲するときには、常に漱石の指導を頭に浮かべていたといいます。初期の短編集『旅順入城式』(福武文庫) の「序」でこんなことを言っています。

本書収ムル二十九篇ノウチ前掲ノ七篇ニハ稍《やや》物語ノ体アレドモ爾余《じよ》ノ二十二篇ハ即チ余ノ前著「冥途」ニ録セル文ト概《おおむ》ネソノ趣ヲ同ジクスルトコロノ短章ナリ余ハ前著「冥途」ヲ得ルニ十年ノ年月ヲ要シソノ漸《ようや》ク上梓《じょうし》ノ運ビニ到ルヤ朞年《きねん》ニシテ大震火災ノ厄難ニ会シ紙型ヲ灰燼《かいじん》ニ帰セシメテ絶版ノ悲運ニ遭《あ》ヘリ爾後マタ十年筆ヲ齧《か》ミ稿ヲ裂キテ僅《わず》カニ成ルトコロヲ本書ニヲサメ書肆《しょし》ノ知遇ヲ得テ刊行スルニ際シ文章ノ道ノイヨイヨ遠クシテ嶮《けわ》シキヲ思フ而已《のみ》

昭和九年一月　百鬼園ニテ　著者識

つまり最初の短編集『冥途《めいど》』に一〇年かかった。その翌年に関東大震災があって、版を失い、さらに一〇年をかけてこの本を出したといいます。その間、筆をかみ原稿を引き裂いて推敲したといいますから、まさに彫心鏤骨の日々だったのでしょう。

音読の効用

ある程度文章ができてきたら、声に出して読んでみましょう。私も必ず、そうしています。ぶつぶつと、自分に聞こえる程度の声で読んでみる。そうすると、引っかかるところ、つながりの悪い文章が見えてきます。この接続詞はいらないな、と思いついたりもします。声に出してみると、文章という文字情報が、空気の振動となって自分の耳に入ってきます。つまり声に出すということは、自分の文章を客観的に読み直すということなのです。他人に読ませる前に、必ず自分に読み聞かせなくてはいけません。

目だけで読んでいると、必ず見落としていることがあります。同じ言葉の重複や、文末の繰り返しなど、自分のくせに気づかないことがあります。声に出してみると、文章のリズムがわかります。調子が悪く、引っかかるところには、何か問題が潜んでいるのです。自分ですらすら読めないものを、人に読ませてはいけません。

以前に触れた、読点の打ち方もそうです。読点のない文章が延々と続いては、息が続かなくなります。それはやはり、問題のある文章だと考えたほうがいいでしょう。

これで完成、と思ったら、今度はプリントアウトしてみましょう。パソコンの画面では気づかなかった欠陥が見えることも多いものです。やたらに漢字が多いと、ぜんたいに黒っぽく見えます。黒々とした紙面は、読みづらいものです。

適度に漢字とひらがなが混じった文章は、漢字が浮かび上がって見え、その意味がとりやすくなるように感じます。リービ英雄さんの言う「混じり文」の美しさ、妙味というものです。

急いでキーボードをたたいていると、ついつい同じ言葉を使ってしまうものです。色彩のない単調な文章になっていないか。それもプリントアウトしたものを読んでみることでわかるでしょう。

言葉の重複も、ついつい犯しがちなミスです。「馬から落ちて落馬した」の類で、重言《じゅうげん》と言います。明鏡国語辞典にその例が載っています。（　）内が適切な表現です。

あとで後悔する（あとで悔やむ、後悔する）
一月元旦（元旦、元日、一月一日）
今の現状（現在の状況、現状）
色が変色する（色が変わる、変色する）
炎天下の下《もと》（炎天の下、炎天下）
過信しすぎる（信頼しすぎる、過信する）
必ず必要（必ずいる、絶対に必要）
元旦の朝（元日の朝）
偽善者ぶる（善人ぶる、いい子ぶる）

ぐっすり熟睡する（ぐっすり眠る、熟睡する）
尽力を尽くす（力を尽くす、尽力する）
花が開花する（花が咲く、開花する）
平均アベレージ（アベレージ）
毎月ごと（月ごと、毎月）
まだ未定（まだ決まっていない、未定）
満面に笑顔をたたえる（満面に笑みをたたえる）
余分な贅肉《ぜいにく》（余分な肉、贅肉）

さて、あなたの文章にも余分な肉はついていませんか。

なぜ炎上するのか

ツイッターなどのＳＮＳでは、しばしば「炎上」ということが起きます。ＳＮＳで発した文章に対して、非難や批判が殺到して、収拾がつかなくなることです。ネット社会が発達する以前にはなかった現象です。なぜそんなことが起きるのでしょう。

誰かの発信に反発を感じた人が、激しい言葉を投げつけます。それに誘われて同調する人、反感を持つ人それぞれが、また言葉を投げつけあい、言葉の雪合戦のような状態が生まれます。

顔が見えないサイバー空間で、敵意むき出しの言葉を浴びせあう。それは、まともな議論、論争というものではありません。そこに吐き出されているのは、正常な文章とは言えないでしょう。

相手の言葉に刺激されて、怒りや腹立ちがむき出しになったり、感情が高揚するままに書かれたりした文章は、また相手の感情を刺激します。言葉足らずだったり、誤解を生む言葉が含まれていたりすれば、よけいに他の人の心を逆《さか》なでします。そうしてネットの空間は、大勢が殴りあう巨大な闘技場のようになっていきます。

新聞や雑誌が主な議論の場であったときには、そんなことは起きませんでした。もちろん、ネット空間のような、瞬時にたくさんの人が参加できる場はなかったわけですが、それだけでなく、そこで交わされる文章の質が違いました。

怒りや憤慨が動機になって文章を書くということはあるでしょう。私自身、新聞記者として記事を書くときに、「なぜこんなことが起きるのだ」という義憤がきっかけだったことはあります。ネットの炎上に加わる人も、多くは一種の正義感が動機になっているのかもしれません。

ただ実際に文章を書くときには、心を静めていなくてはいけません。激情にかられたままペンを持ったり、キーボードをたたいたりしてはいけないのです。

ネット論争に参加しているときとは違って、印刷物に文章を載せるときには、ある程度の時間があります。可能な限り何度も読み返し、十分に自分の意図が通じるように書かれているか、誤解を生む表現がないか、点検することができます。そうした作業は、頭が冷静になっていなければできません。

一方で、ネットの中に一種の閉鎖空間が生まれ、同じような意見ばかりが響きあう「エコーチェンバー」という現象が起きることもあります。

エコーチェンバーとは本来、レコーディングスタジオなどにある、音の残響が生じるようにつくられた密室のことです。それと同じように、同質の意見を持った人ばかりが、同じ空間に集まり、似たような意見を増幅する現象があります。

その空間の中では、同じような声ばかりが大きくなり、違う意見はかき消されてしまいます。その結果、事実でないことも、「みんなが言っているのだから、そうに違いない」と信じ込んでしまうことが起きます。

二〇二〇年の米国大統領選で、トランプ支持者たちが陥《おちい》った状況もその一種でしょう。

その空間だけの別世界がつくられ、外の世界に対する敵視や蔑視《べっし》も生まれます。それによって、陰謀論がはびこることにもなります。

万人が万人に向けて発信するネット時代は、一歩間違えば、万人が極端に走る危険性をあわせ持っています。文章を書く、発信するということの責任を一人ひとりが考えなければいけない時代でもあります。

ＡＩ時代の文章

人工知能（ＡＩ）が人類の知能を追い越すときがくると予測する人がいます。技術的特異点（シンギュラリティ）と言います。本当にそんなことが起きるのかどうかは別にして、ＡＩの発達が社会を変え、仕事の形も変えていくのは確かでしょう。

かつての工場労働がロボットに置き換わったように、ホワイトカラーの仕事のうちにもＡＩが引き受けるものが出てくるでしょう。そんな時代に、個人が文章を書く意味はどこにあるのでしょうか。

脳神経科学が発達して、脳の中のネットワークがどう働いているのか、大づかみにはわかるようになってきました。ドワンゴ人工知能研究所所長だった山川宏《やまかわひろし》さんは、そうした成果を活用して全脳アーキテクチャ・アプローチというＡＩ開発を進めていました（木村《きむら》草太《そうた》、佐藤優《さとうまさる》、山川宏『AI時代の憲法論』朝日新聞出版）。AIを人間の脳の機能に近づけることろみです。

囲碁や将棋の世界では、大量のデータを学習し、自分で作戦を立てるようになったAIが、一線のプロに勝つところまできました。しかし、山川さんは、「常識をもつ」ことと「コンテクスト（文脈）を理解する」能力はいまだ実現できていない、と言います。

「ことばの表面的な意味を理解しただけでは、深いコミュニケーションにはなりません。きちんとした会話をするには、その言葉の背景に何があるのかを理解する必要があります。つまり、聞かれたこと以外のこと、常識をたくさん知らなければいけないのです。これは、AI技術の完成において最終関門の一つでしょう」と言っています（前掲書）。

多くの文章を読み取らせ、深層学習させることによって、AIはある程度決まった形の文章をつくることはできるようになりました。たとえば、企業の決算記事やスポーツ記録のようなものは、AIがつくる時代がすぐにくるかもしれません。

ただAIには創造的な仕事はできないようです。国立情報学研究所教授の新井紀子《あらいのりこ》さんを中心に、AI「東ロボくん」に東大合格の能力をつけようとした実験は、二〇一一年から一六年までで、目標を達成せずに終わりました。

最後の年、東大二次試験を想定した模擬試験で、数学の偏差値が七六・二でした。ところが、英語は五〇・五、国語は四九・七と、最初よりは伸びたとはいえ平均的なところにとどまりました。

東ロボくんの能力は偏差値五〇台の後半程度で、運がよければ六〇までは行けるかもしれないけど、難関校の合格に必要な六五を超えるのは不可能だと、新井さんは判断しました。ましてや東大に合格するには七七以上が必要だといいます。

「現状のＡＩの能力には超えられないさまざまな壁があり、今の技術の延長ではそれを乗り越えられない。突破するには、まったく別のやり方が必要だ」（『ＡＩ vs. 教科書が読めない子どもたち』東洋経済新報社）

東ロボプロジェクトで、国語チームが採用したのは、文の意味も単語の意味も考えずに、文字の重複など表面的な特徴から、正解の可能性が高い選択肢を選ぶという方法でした。いまのＡＩの能力では、そういう方法しかなかったといいます。

もう一つの大きな壁は、やはり「常識」だといいます。

現状のＡＩを備えたロボットに、「缶ジュースを持ってきて」と頼むのは、とてつもなく難しい任務だそうです。「缶ジュースはどこにあるのか。押し入れや靴箱には入っていない。冷蔵庫にあるはずだ。冷蔵庫はどこにあるのか。玄関ではない。台所だ。そのドアはどうすれば開くか。そもそも缶ジュースとはどのような物か。冷蔵庫のどこを探せば見つかるか。ジュースを取り出すとき、邪魔になるものはどうするか。冷蔵庫にジュースがなかったらどうするか」（前掲書）。

人間なら瞬時にできるそんな判断が、ＡＩには途方もない計算を要することなのだそうです。「将棋の名人に勝てても、近所のお使いにも行けない」のがいまのＡＩだと言います。

やはり脳に蓄積された膨大な記憶をもとに、創造的な文章を書くという作業は、少なくとも当面、人間に与えられた喜ぶべき仕事であり続けるでしょう。

自伝のすすめ

多くの人にとって、文章を書くということは、自分の過去を振り返ることではないでしょうか。生い立ちのこと、父母や兄弟のこと、友人のこと、仕事のこと、趣味のこと。何かを書きたいという動機の多くは、過去にあったことを回想することから始まります。つまりエピソード記憶を頭から引き出すことです。

喜劇俳優の森繁久彌《もりしげひさや》さんは、文章も巧みな人でした。多くの芸談や世相を批評する随筆、エッセイを残しています。享年九六歳の長寿でしたが、人生半ばの四九歳で『森繁自伝』

を書いています。それから一五年たって、文章を書くということについて、こんなことを言っています。

十五年も前に書いた本（『森繁自伝』）だが、今読みかえして何とも稚拙な文章で恐れ入る。がそれにも増して自分を小気味のいい、小ぎれいな男に仕立てあげているのが鼻もちならぬ感じがする。

この本の原題は〝奈落から花道まで〟であったが、それはまあいいとして、〝花道から舞台へ〟の第三の人生は、芸能界への愛憎の中で、業に煮えてのたうちまわる何十年、これこそ克明に書いてみたいと、あれからしばしば思ったのだが、さてといって筆がすすまない。

ああ書こう——が、こう書きたい——になり、また、こう書くとアレがアレだから、それはとばして——と逡巡するうちに、筆欲は消え、危きを避けようとする老いの心根が、ぐっと私を制圧してしまうのだ。

誰をも傷つけることなく、自らもほおかむりをして静かにこの身と一緒に焼いてしまおうという気になる。（中略）

映画、舞台、テレビ、ラジオで知り合った役者は万をこすであろう。

今、それらの人々は、どうしているのか、その大半は消息を知らない。下手の横好きというか、私はこうして作文し、めちゃくちゃの絵も書き、書も我流の大家だ。よせばいいのに詩を作り、曲までつけて恥を巷間にさらしているが、実は本業の役者もそれに準ずる万年素人であるようだ。

が、ひと言ここでタンカを切るなら、文も絵も書も後世に残るものだが、役者の舞台は瞬間を生きるもので、それらは網膜に残影を残して終りである。

私はこれを燃焼芸術と呼んでいる。（中略）

この本が私より長い時代を生きるかも知れぬが、それは今日を生きる私には、関知する必要のないことであり、或いは邪魔なことであるかも知れぬ。

目覚めて今日を燃やし、幕が下りて今日を終る。それが役者のなりわいだ。

昨日の朝顔は　今日は咲かない

（『森繁久彌コレクション①自伝』「序」より　藤原書店）

毎年米国で、優れた芸術家に贈られる「ケネディ・センター名誉賞」という賞があります。シンガーソングライターのキャロル・キングは二〇一五年に、小《お》澤《ざわ》征《せい》爾《じ》さんらと一緒に受賞しています。その年の一二月にワシントンのジョン・F・ケネディ・センターで開かれた祝賀公演のテレビ中継映像を、たまたまＹｏｕＴｕｂｅで見つけました。
キャロルの半生とその時代の音楽を、ミュージカル仕立てでたどった舞台です。その最後に登場したのは、アレサ・フランクリンでした。ローリング・ストーン誌の「ローリング・ストーンの選ぶ歴史上最も偉大な一〇〇人のシンガー」で第一位に選ばれ、「クイーン・オブ・ソウル」とも呼ばれる伝説の人です。

サプライズだったのかもしれません。毛皮のコート姿で、ピアノの前に座って歌い出したアレサの姿を見て、オバマ大統領夫妻らと貴賓席に座っていたキャロルが、口に手を当てて驚いたしぐさをします。オバマ大統領も、涙をぬぐうような動作をします。彼の大統領就任式でも、アレサが祝福の曲を歌ったのでした。

歌ったのは、「ナチュラル・ウーマン」です。まだ歌手というより作曲家だった二〇代のキャロルが、一九六七年に、すでに大歌手だったアレサのためにつくった曲です。やがてアレサがピアノを離れ、立ち上がって歌い出すと、キャロルも感極まって両手を挙げて叫ぶような身振りをします。会場も、スタンディングオベーションに包まれます。感動的な光景でした。

中学生のころ、自分の小遣いで初めて買ったＬＰレコードが、サイモン＆ガーファンクルの「明日に架ける橋」か、キャロル・キングの「つづれおり」のどちらかだったと記憶しています。「つづれおり」は、一九七一年に全米チャートで一五週連続一位になるという、キャロルの歌手としての本格デビュー作でした。

そのキャロルが二〇一三年に自伝を出しています。(『キャロル・キング自伝　ナチュラル・ウーマン』キャロル・キング／松田ようこ訳　河出書房新社)。もうそんなに月日が流れたのか、と自分の歳を再確認してしまいます。

自伝では「ナチュラル・ウーマン」について、こう書いています。

アレサが歌う「ナチュラル・ウーマン」を初めて聴いたとき、滅多にないことだが、私は言葉を失った。そして今日まで、あのときの感情を簡単な言葉で伝えることができない。アレサ・フランクリンは、完成度、感情移入、観衆への見せ方すべてを完璧に表現できる最高レベルの歌手。(中略)誰でも、彼女に歌ってもらえれば本望だろう。

自伝を書くということについて、キャロルは「まえがき」で、こう語っています。

これまで、たくさんの人たちが私に自伝を書くべきだと勧めてくれていた。その都度、私の返事は同じだった。

「本にできるほど忙しい人生だから、書いている暇がないのよ」

五十八歳だった二〇〇〇年も同様に忙しかった。だが、あと二年で六十という年齢は、過去を思い起こす作業を始めるのにきりがよい時期のように思えたのだ。

自伝の構成を組み立てるために記憶の欠片《かけら》を拾い上げる作業は、まるでゴキブリを追いかけるようなものだった。思い出は現れては消えていく。でも保存するように努力してみた。この本を自分で書き上げることは私にとって重要な作業となり、なんと十二年もの月日を費やしてしまった。

ゴキブリのたとえは奇抜ですが、記憶をたどってものを書くということのたいへんさは理解できます。

多かれ少なかれ、ものを書くという行為は、自分の記憶との闘いなのです。自分の頭のメモリーから、何を引き出すか、何を引き出せるか、そんな自分との格闘なのだと思います。評論であれ、小説であれ、詩や短歌、俳句であれ、自分の頭脳から何かを絞り出すしかないのです。その点で、自伝というものは、書くことの根源的な作業といえるかもしれません。

六〇歳の人には六〇年間の記憶が、一〇歳の子には一〇年間の記憶があります。みんなその記憶の中から、書くべきものを探しているのです。

私は朝日カルチャーセンターで「短文力を鍛える文章教室」の講師をしています。そこに集まる受講生が書いてくる作品も、多くは自分の過去の体験に基づくものです。自伝のひとかけらを、一つの作品にしていると言っていいのかもしれません。

想いをつづる第一歩

いまSNSで飛び交っているのは画像と文字情報です。電話をすることすら少なくなり、かつてより文字を書く（いや、打つと言ったほうがいいのかもしれません）機会はずいぶん増えているのでしょう。

ただし、そこに流れている文字列は、文章と言えないようなものも含まれます。ちぎっては投げるような断片的な言葉は、ときに誤解を生んだり、無用の波紋を広げたりもします。

同じ文字情報でも、手紙は違います。寝っ転がってスマホをいじるのとは違い、手紙は机かテーブルに向かわないと書けません。もちろんパソコンで書いてもいいのですが、手書きとなると、きれいな文字が書けるか、漢字に間違いはないか、決まりごとは守っているか、と気になります。書き損じると、一から書き直さないといけない場合もあります。その緊張感がいいのです。

書き損じないためには、書き始める前に大まかな構成を考えねばなりません。冒頭は、拝啓で始めるのか、前略か、あるいは親しい人宛てなら省略してしまうか。季節の挨拶を入れるのか、どう書くか。本題はどう切り出すのか。締めの言葉はどうするか。思いつくままに言葉を羅列するSNSとは違い、それぐらいは十分に考えておかないと書けません。

小川糸《おがわいと》さんの『ツバキ文具店』（幻冬舎）は、鎌倉の片隅で手紙の代筆を仕事にする若い女性の物語です。NHKの連続ドラマにもなりました。

主人公の鳩子《はとこ》は、江戸時代から続く代書屋を営《いとな》んでいた祖母に育てられました。ところが、祖母は何かにつけ厳しく、六歳のころから毛筆で習字をさせられました。鳩子はその厳しさに反発して、専門学校に入ったころに家を出てしまいました。しかし、祖母の死をきっかけに鎌倉へ戻ってきます。

文具店は引き払うつもりでいましたが、祖母が生前に引き受けていた代書の依頼が飛び込んできて、請負ってしまいます。同じような頼みをこなすうちに、手紙の魅力を再発見していきます。そして、祖母がイタリアに住む友人に宛てた手紙を読んで、自分への愛情に気づきます。そして最後に、いまは亡き祖母に和解の手紙を書くのです。

鳩子は、手紙の内容によって筆記具や紙の種類を選びます。このとき手にとったのは、高校に入ったお祝いに祖母がくれたウォーターマンの万年筆です。久しぶりに手にしたその万年筆は、祖母がちゃんと手入れしてくれていました。

おばあちゃん
結局、一度たりともあなたをそう呼ぶことはできませんでした。
でも、心の中では、たまにそんなふうに親しみを込めて呼びかけたこともあります。

そう書き出します。そして、春の花見の思い出を語り、イタリアの友人に宛てたたくさんの手紙を読んで祖母の本心を知ったことを告白します。手作りのキャラメルの味も思い出します。

病院に見舞いに行かなかったこと、骨を拾わなかった後悔をつづり、枯れた紫陽花《あじさい》によせて、「私たちの関係にも、無駄な季節など一切なかったと思うのです。思いたいのです」と胸の内をつづります（前掲書）。

さっき、モリカゲさんから帰り道に交際を申し込まれました。

私の文通相手の、お父さんです。

もしかすると、私もまた、あなたと同じように、自分が産んでいない子どもを育てるという道を選ぶかもしれません。

壽福寺のお庭、きれいでしたよ。

ぐずる私をおんぶして、あなたはあのお庭を見せてくれたのですね。

あなたの背中の温もりを、久しぶりに思い出して涙が出ました。

ありがとう。

あの時伝えられなかった言葉を、贈ります。


あなたは、常々言っていました。

字とは、人生そのものであると。

私は、まだこんな字しか書けません。

でも、これは紛れもなく私の字です。

やっと書けました。

天国では、スシ子おばさんと共に、どうか幸せに暮らしてください。

雨宮かし子様

鳩子より

追伸。

私も、あなたと同じ代筆屋になりました。

そしてこれからも、代筆屋として生きていきます。

「字とは、人生そのもの」。自分の心と対話しながら、記憶を呼び覚ましながら、文章を書くこともまた、人生そのものと言っていいでしょう。

誰かに手紙を書く。ポストに入れて出さなくてもいいのです。それが、想いをつづる第一歩になるかもしれません。きっかけは、どこにでも、いくらでもあります。

まず紙を広げ、あるいはパソコンを開き、書き出してみましょう。

私もまた鎌倉の片隅で、あなたに向けてこの本を書いています。

著者紹介

一九五六年、大阪市に生まれる。京都大学文学部哲学科を卒業。一九八〇年、朝日新聞入社。警視庁キャップ、プノンペン・ジャカルタ支局長、アジア総局長などを経て論説副主幹。二〇一〇年一一月から二〇一八年三月まで夕刊のコラム「素粒子」を担当。二〇二一年に退社後、朝日カルチャーセンターで「短文力を鍛える文章教室」の講師を務める。

朝《あさ》日《ひ》新聞《しんぶん》記者《きしゃ》の200字文章術《じぶんしょうじゅつ》
——極小《ごくしょう》コラム「素粒子《そりゅうし》」の技法《ぎほう》

二〇二一年一一月　六　日　第一刷発行
二〇二二年　七　月二八日　第八刷発行

著者　真田《さなだ》正明《まさあき》
発行者　古屋信吾
発行所　株式会社さくら舎　http://www.sakurasha.com
東京都千代田区富士見一-二-一一　〒一〇二-〇〇七一
電話　営業　〇三-五二一一-六五三三　FAX　〇三-五二一一-六四八一
編集　〇三-五二一一-六四八〇
振替　〇〇一九〇-八-四〇二〇六〇

装丁　石間　淳
印刷・製本　中央精版印刷株式会社

ISBN978-4-86581-317-3